www.ingramcontent.com/pod-product-compliance
Lightning Source LLC
Chambersburg PA
CBHW051725090426
42738CB00010B/2095
* 9 7 8 2 0 1 2 6 6 3 8 6 2 *

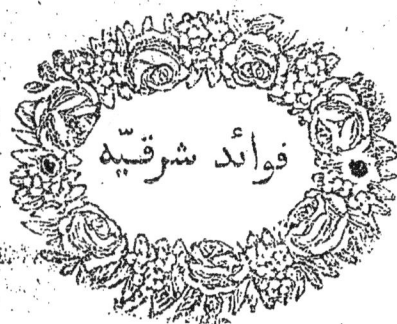

فوائد شرقیّه

مدینهٔ ازمیرده طبع اولنمشدر
١٢٧١
سنه
١٨٥٤

فوائد شرقیّه

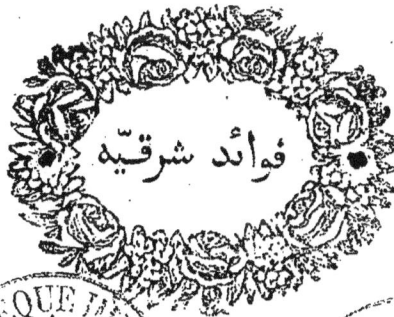

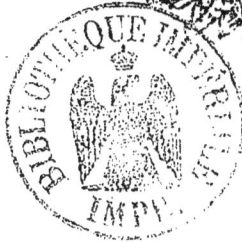

مدینهٔ ازمیرده طبع اولنمشدر

۱۲۷۱

سنه

۱۸۵۴

بسم الله الرّحمن الرّحیم

الحمدلله الذی جعلنا من الناطقین ومیّزنا فی معرفة العلوم والبراهین ومنحنا اکتساب اللغات والمضامین للبلوغ علی ما نبتغیه من المضمرات والیقین اما بعد معلوم اوله که پادشاه عالمپناه وشهنشاه معدلت اکتناه شوکتلو قدرتلو رأفتلو السلطان عبدالمجید خان ابدّالله خلافته وسلطنته الی نهایت الدوران افندمز حضرتلرینه موهبهٔ رحمن اولان سجایای علیهٔ معارفپروری وشفقت کستریٔ شهنشاهیلری اقتضای محاسن احتواسی اوزره جلوس میمنت مأنوس همایونلرندن الی هذا الآن مشاهدهٔ کردهٔ عالمیان وفیوضان بخشای صنوف ادمیان اولان حسن نیات معدلت آیات تاجدارانه لری ثمرهٔ فیض بهره سیله ترتیب وتنظیمنه موفق اولنان بونجه رسالات نفیسهٔ هنروری وکتب جمیلهٔ درایت پروری مطالعه لرینک هر بری بر کونه حل عقدهٔ مشکلات ورفع غبار جهالات ایتمکده اولمسنه واول

خورشید مشرق شوکت وسلطنتنک توجهات قدسیهٔ زره پرور یسیله
کونه بکونه جانب رفعت جالب شرقده علوم وفنون شهرت شایعه
و رواج لایقه کسب ایدرک اهل معارف جابجا ابراز کالای هنر
ومعرفت ایلمکدن برآن خالی اولمامشدر و بو عبد حقیر مقرّ بالعجز
والتقصیر ناصف المعلوف کم تدبیر دخی بر بندهٔ خیرخواه دولت
علیه‌دن بولنمسنه بناً زینت فزای زبان نوع بنی انسان اولان
لسان لطافتنشان ترکینک تحصیلنه خواهشگر اولنلرک تسهیل
حصول مرادلری امل مخصوصی ایله یدی سنه‌دنبرو کمال جدّ
وسعی ایله بالترتیب طبع واشتهارینه موفق اولمش اولدیغم السنهٔ
ثلثه یعنی ترکی وعربی وفرانسوی لسانلرینی ناطق تألیف
وترجمه ایلدیکم چند قطعه کتب ورسائلدن فضله قواعد نحوی
شامل والسنهٔ ثلثهٔ مذکوره‌نک صرفنی مشتمل اشبو «فوائد شرقیه»
نام رسالهٔ عجز اشتمالی‌یی دخی بالتنظیم اوچ باب اوزرینه ترتیب
وتتمیم ایلدم شویله‌که برنجی بابده کویا برشاکردی کندمه
مخاطب اتخاذیله کلمات وتلفظاتنی اصول وقاعده‌یه تطبیقا هر بر
کیفیات فعل واسم وصفت وظرف وضمیر وعطف ومعطوف علی وجه
السؤال والجواب بر استماعده ویا برنظرده اکلاشیله بیله‌جک
مرتبه‌ده کوستردم وایکنجی بابده عربینک افعال واسامی وصفات
ومفرد وجمع ومذکر ومؤنث وحروف جرّ وسائر اقتضا ایدنلرینی
علی قدر الامکان بالترجمه والتعریف ترتیب وتصنیف ایتدم

واوچنجی بابده فارسیدن ترکچه یه مأخوذ اولان قاعده لری علی وجه الاختصار ترقیم وتذکار ایلدم باقی نیاز فقیرانه‌م بودرکه لسان نزاکت بیان مذکوری تحصیله طالب وراغب اولان هوسکارانک رسالهٔ مزبوری حین مطالعه ده مشهودلری اوله جق سهو وخطایی قلم عفوله محو وتصحیح بیوروب بو عبد کمینه حقنده حسن نظر معارف اثرلرینک شایان بیورلمسی هر برلرینک شیمهٔ عرفان مشیمه لرینه حواله اولندی

وبالله التوفیق

آمین

فهرست فوائد شرقــيّه

اعداد

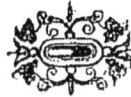

فوائد شرقیّه

باب اوّل

خواجه شاکردیله صورت امتحان کبی
صرف و نحواوزره سؤال و جوابه دائردر

سؤال سن ترکچه اوقومق و یازمق و سویلمک اوکرنیورمیسن
جواب اوت افندم اوکرنیورم
س نه زماندنبرو اوقویورسن
ج التی یدی ای وار
س برنجی درسکز نه ایدی
ج اسامی یی تصریف ایتمک ایدی
س اویله ایسه براسمی تصریف ایت
ج سویلیک براسم تصریف ایده‌یم
س باش کتاب جان * دل تن قلم * قوش قوم لیمون * کُل کون کوندز
ج

باش	دل	قوش	کُل
باشک	دلک	قوشک	کلک
باشه	دله	قوشه	کله
باشده	دلده	قوشده	کلده
باشی	دلی	قوشی	کلی
باشدن	دلدن	قوشدن	کلدن

انتخار
اوُت

س بونك جمعی نصل اولور

ج آخرنده بر (لر) زیاده سیله اولور مثلا

باشلر	دللر	قوشلر	كللر
باشلرك	دللرك	قوشلرك	كللرك
باشلره	دللره	قوشلره	كللره
باشلرده	دللرده	قوشلرده	كللرده
باشلری	دللری	قوشلری	كللری
باشلردن	دللردن	قوشلردن	كللردن

س بونلره صرفجه نه دیرلر

ج باش مبتدا یاخود مجرّد باشك اضافه باشه مفعول الیه باشده مكان كائنی باشی مفعول به باشدن مفعول منه

س بو تصریف اسامی همپ بر قیاس اوزره‌میدر یوخسه دكشلورمی

ج دكشلان تصریف اسامی واردر

س كوستر بریسنی باقه‌لم

ج اكر بر اسمك اخرنده ا و ه ی بو درت حرفدن بریسی اولور ایسه مفرد حاللرنده اضافه (ن) ومفعول الیه ومفعول به (ی) زیاده آلورلر مثلا

مبتدا	اوطه	سركه	قپو	كوپری
اضافه	اوطه‌نك	سركه‌نك	قپونك	كوپری‌نك
مفعول الیه	اوطه‌یه	سركه‌یه	قپویه	كوپری‌یه
مكان كائنی	اوطه‌ده	سركه‌ده	قپوده	كوپری‌ده
مفعول به	اوطه‌یی	سركه‌یی	قپویی	كوپری‌یی
مفعول منه	اوطه‌دن	سركه‌دن	قپودن	كوپریدن

* آتا اطه قازی چارشو * كدی اسكمله باغچه میوه * قوطی قوتو قیه قونشو * كوی سوری درلی سوریجی

فقط شاذ اوله رق بر قاچ کلمه وارد رکه ترکیبده معنای مترادف اولدیغندن اضافه سی (ی) ایله اولور (ن) ایله اولماز مثلا صو صویک کوی کویک الخ

س دها بوندن بشقه اسم غیر سالم وارمیدر

ج اوت بر اسمک آخرنده قاف اولانک قافی اضافه و مفعول الیه و مفعول به مفرد حاللرنده غینه تبدیل اولور مثلا

(ق)

بچاق	طاوق
بچاغک	طاوغک
بچاغه	طاوغه
بچاقده	طاوقده
بچاغی	طاوغی
بچاقدن	طاوقدن

و بو قاعده دن دخی شاذ اوله رق بر قاچ لقردیلر وار مثلا اوق طوق حقّ فقّ شقّ برق الی اخره

س و بوندن ماعدا اسم غیر سالم وارمیدر

ج بلی بر اسمک آخرنده بر کاف اولانک کافی یازیلور اما (ی) سسی اوقونور مذکور اوچ مفرد حالنده یعنی اضافه و مفعول الیه و مفعول به مثلا

(ک)

اکمک (اتمک)	اشک
اکمکک	اشکک
اکمکه	اشکه

قاشق قوشاق بارداق قاوق

تفنک کومک کوزلک دیلک

اکمکده	اشکده
اکمکی	اشکی
اکمکدن	اشکدن

وقس علی ذلك (بونك اوزرينه قياس ايله)

بوندن دخی شاذ اوله‌رق يعنی قاعده‌دن خارج اولان بعض کلمه‌لر واردر مثلا کوك کورك کونك الخ

س ابتدا سويلدك که اسملر (لر) ايله جمع اولور ايکی درلو اسم واردر بريسنه اسم خاص بريسنه اسم عام ديرلر بو اسم خاص اسم عام کبی جمع اولورمی

ج خير اولماز

س نصل اولور يا

ج اسم خاص اصلا جمع اولماز

س اسم خاص نه‌يه‌ديرلر

ج بر ذاته ياخود بر محله ويريلان اسمه ديرلر مثلا اسم خاصی اولان الله عبدالمجيد رشيد احمد محمد عمر علی واسم خاصی اولان محل مثلا استانبول ازمير شمنی وارنه سلستره بونلر دائما مفرد اولدقلرندن علامت جمع اولان (لر) نشانه‌سنی آلمزلر

س ضمائر شخصيه قنغيلريدر

ج بونلردر

مفرد			جمع		
بن	سن	او	بز (بزلر)	سز (سزلر)	انلر
بنم	سنك	انك	بزم	سزك	انلرك
بکا	سکا	اکا	بزه	سزه	انلره

بنده سنده انده بزده سزده انلرده

بنی سنی انی بزی سزی انلری

بندن سندن اندن بزدن سزدن انلردن

س حرف اشارت تعبیر اولنوب عطف ایدر حرفلر قنغیلردر

ج اشته بونلردر

بو شو او بونلر شونلر انلر

بونک بوکا بونده بونی بوندن وقس علی ذلک

مثلا بو اشککک قولاغی * شو اوکوزک بوینوزی * شو آتک قوشمه‌سی * بو ادمک مغازه‌سی * شو قارینک قوجه‌سی * بو قزک کوزللکی * او مقتولک قاتلی * اول انانک اوغلی * اول قوشک قفسی * بو محاربه‌نک خطی * شو طابیه‌نک موقعی * بو قلعه‌نک متانتی * شو اسلام عسکرینک جسارتی * بونک آدی نه‌در * شوکا نه دیرلر * اکا سویله * قالدر شونی * شونی بکا ویر * بونده نه وار * شوندن بکا ایکی ارشون کس * بو آدم * شوادم * او ادم * بو ادمک * شو ادمه الخ

شرح شخص غائبک ضمیری (او) بو واو مبتداده کهافی صورتده ابقا اولنوب دیکر صیغه‌لرده حذف اولنملی زیرا دیکرلرنده واو ابقا اولنمش اولسه اسم عدد اولان اون یاخود اسم دقیق اولان اون ترکیب املاسندن فرقسز اولور

س ضمیر اضافی نصل اولور

ج براسمک اخرنده برمیم بکا بر صاغرکاف سکا بر یای اکا اشارت ضمیریه‌در و بونک جمعی مز بزه کز سزه لری انلره اشارتدر مثلا

مفرد			جمع		
م	ڭ	ى	مز* يمز	ڭز* يڭز	لرى
كتابم	كتابڭ	كتابى	كتابمز	كتابڭز	كتابلرى
كتابمڭ	كتابڭڭ	كتابنڭ	كتابمزڭ	كتابڭزڭ	كتابلرينڭ
كتابمه	كتابڭه	كتابنه	كتابمزه	كتابڭزه	كتابلرينه
كتابمده	كتابڭده	كتابنده	كتابمزده	كتابڭزده	كتابلرينده
كتابمى	كتابڭى	كتابنى	كتابمزى	كتابڭزى	كتابلرينى
كتابمدن	كتابڭدن	كتابندن	كتابمزدن	كتابڭزدن	كتابلريندن

ديكر

خانەم	قاشغڭ	اكمكى	قوطيمز	پدرڭز	طاوقلرى
خانەمڭ	قاشغڭڭ	اكمكنڭ	قوطيمزڭ	پدرڭزڭ	طاوقلرينڭ
خانەمه	قاشغڭه	اكمكنه	قوطيمزه	پدرڭزه	طاوقلرينه
خانەمده	قاشغڭده	اكمكنده	قوطيمزده	پدرڭزده	طاوقلرينده
خانەمى	قاشغڭى	اكمكنى	قوطيمزى	پدرڭزى	طاوقلرينى
خانەمدن	قاشغڭدن	اكمكندن	قوطيمزدن	پدرڭزدن	طاوقلريندن

شرح * اسملر تعريفنده كوسترلديكى اوزره حروف صوتيه يعنى حروف علتدن برى اسمڭ آخرنده اولور ايسه اوزمان اسم غائبڭ ضمير اضافيسى (سى) اولور مثلا * اناسى * باباسى * اغاسى * ستماسى * اقچەسى * پارەسى * پاشاسى * والدەسى * چارەسى * ياليسى * خانەسى * عموجەسى * ميوەسى * محرمەسى * محاربەسى * — چتانه محاربەسى * سلستره محاصرەسى * فرانسز دونناسى * انكليز قراليچەسى * وبو وجه اوزره تصريف اولنور اناسى اناسنڭ اناسنه اناسنده اناسنى اناسندن الخ

س ضمیر نسبی یاخود ضمیر اضافی نصل اولور

ج ضمائر شخصیه نک اضافه سنه بر (کی) زیاده سیله اولور مثلا

بنمکی سنککی انککی بزمکی سزککی انلرککی

بنمکینک سنککینک انککینک بزمکینک سزککینک انلرککینک

بنمکینه سنککینه انککینه بزمکینه سزککینه انلرککینه

بنمکینده سنککینده انککینده بزمکینده سزککینده انلرککینده

بنمکینی سنککینی انککینی بزمکینی سزککینی انلرککینی

بنمکیندن سنککیندن انککیندن بزمکیندن سزککیندن انلرککیندن

بونک جمعی

بنمکیلر سنککیلر انککیلر بزمکیلر سزککیلر انلرککیلر

س ترکی لساننده صفت اسمک اوّلنده می یاخود آخرنده می اولور

ج اوّلنده اولور آخرنده اولماز همدخی صفت مفرد حالنده قالور

س نه کبی

ج کوزل آدم * کوزل آدملر * عقللو چوجق * اوصلو چوجقلر * چرکین اوغلان * فنا عادت * فنا عادتلر * ایو خواجه لر * تنبل شاکرد * تنبل شاکردلر * کوزل قز * کوزل قزلر * الخ
و همدخی صفت اعداددن اولدیغی حالده اسم مفرد حالنده قالور علامت جمع هیچ آلماز مثلا * اوچ غروش * درت چوجق * بش آت * التی دوه * یدی حیوان * اون ادم کلدی * وقس علی هذا

س لسان ترکیده ظرف زمان اوّلنده می اولور یاخود آخرنده می

ج اوّلنده اولور مثلا * تیز کل * چوق طورمه * ارکن کیت *

کچ قالدک * براز دها اوطور * قال بوراده * الخ

س ظرف مکان نره‌ده کلور

ج گاه اوّلنده وگاه آخرنده کلور مثلا * بورایه کل * کیت بورادن * اوکز پک اوزاقدر * اوم سزک اوکزه پک یقیندر * یواش یواش سویله * یوکسک سویلمه * بندن صکره کل * اوّل بن یازه‌یم صکره سن یاز * قرنداشک بوراده پک چوق آلش ویرش ایدیور * اک بیوک قز قرنداشکز قاچ یاشنده‌در * اویله بر صادق دوست پک نادر بولنور * اک عزیز احبابکز کیمدر * الخ

س ظرف زمان علامتلری نه‌در

ج اشته * لحظه * ثانیه * دقیقه * ساعت * چاریک * یارم * یاری * آی * ییل * سال * سنه * کون * کوندز * کیجه * عصر * دور * فصل * زمان * گاه * وقت * ده * کبیدر مثلا * بو اثناده * بر لحظه * بر ساعت * بر آی * الخ

* شوکتلو پادشاهمز غازی سلطان عبدالمجید خان افندمز حضرتلرینک عصرنک عالمه تنظیمات ویرلدی * معدلتلو پادشاهمز سلطان عبدالمجید غازی خان افندمزک دورنده فرانسه وانکلتره دولتلری بالاتفاق روسیه دولتیله محاربه اولندی * اصالتلو شهزاده پرنس ناپولیون حضرتلری بیک ایکی یوز یتمش سنهٔ هجریه‌ده استانبوله کلدی * قش اثناسنده پک چوق یغمور وقار یغار * حضرت عیسی بر لحظه‌ده کوکه چیقدی * انکلیز دونماسنک طوپجی عسکری بر دقیقه‌ده یکرمی درت طوپ آتار

فرانسز

* فرانسز عسکری کلیبولی یه کلدکلرنک درحال شهرهٔ متانت ویرمکه وطریقلری تسویه و توسیع ایتمکه باشلادیلر * انکلیز و فرانسز وعثمانلو دونمالری بیک سکز یوز اللی درت سنهٔ میلادیه ده قره دکزه کیردیلر *

س اسم مشابهه نصل اولور

ج (دها) اشارتیله اولور مثلا * بندن دها بیوک * سزدن دها کوچک * الخ — وحذف ایله اوله بیلور مثلا * بندن بیوک * سزدن کوچک * اندن عالم * اندن جاهل * اندن صادق * وقس علی هذا

س اسم تفضیل نصل اولور

ج اسمک اولنده بر (اک) زیاده ایتملی مثلا * اک کوزل * اک بیوک * اک کوچک * اک قالن * اک انجه * اک قصد * اک ایو * اک فنا * الخ

س اسم تصغیر نصل اولور

ج (جق) (جک) اشارتلریله اولور مثلا * اوغلانجق * دوستانجق * کتابجق * اوجک * یوزکچک * الخ

تنبیه اکر بر اسمی زیاده کوچک کوسترمک مراد اولندقده او اسمده اولان اخر حرفی قاف اولور ایسه غینه تبدیل اولوب آخرنک بر زا اضافه سیله وجک ایله اولان اسملر کاف کمافی صورتنه براغلوب ینه بر ز علاوه سیله اولور فقط بو کاف مخرجنک (ی) تلفظ اولملی مثلا * دوستجغز زیاده کوچک دوست دیمک اولور * یاوروجغز اک کوچک یاورو دیمک اولور * انجکز پک کوچک

یاخود نازك ال * كوزجكزاك كوچك كوز * قلمجك پك كوچك قلم * الخ

بر اسمك اخری (ق) یاخود (ك) ایله اولورایسه بونلرده اولان قاف حذف اولوب فقط (جغز) یاخود (جكز) براقلور مثلا انك انكجكز (زیاده كوچك انك) كوپك كوپكجكز (اك كوچك كوپك) الخ

و دخی اسم تصغیر یاپمق مراد اولندقلق اخرنلق (رق) (رك) ایله اولور مثلا آق (بیاض) آقرق زیاده بیاض * قرمزی قرمزیرق * چوق چوغرق * اوفاق اوفاقرق * بیوك بیوكرك كوچك كوچكرك * وقس علی ذلك

س اسم مكان نصل اولور

ج اسمك آخرنلق بر (لق) یاخود بر (لك) زیادهسیله اولور مثلا * اودونلق * قلملك * مزارلق * چایرلق سپورنتیلك * قوملق * الخ

شرح (لق) ایله (لك) هم اسم مكان اشارتیدر و هم دخی علامت موصوفدرلر مثلا * خستهلق * ادملق * خشنودلق * سرخوشلق * پاشالق * سربستلك * تمیزلك * زنكینلك * الخ
بونك موصوف عربیهسی (یت) ایله اولور مثلا * مأموریت * محظوظیت * انسانیت * الخ

س اسم فاعل نصل اولور

ج ایكی قاعده واردر بری (جی) یا (یجی) و بریسی (ان) یاخود یالكز (ن) زیادهسیله اولور

تنبیه * بو (یجی) ایله اسم فاعل دینلدیكی وقت او ادمك

مشغولیتی او شیله اولملی (ان) ایله اولدیغی صورتده او شیله بر کره مشغول اولمق اکلاشلور مثلا یازیجی دیمک اولورکه علی الدوام یازو ایله مشغولدر یاخود صنعتیدر اما یازان دیمک اولورکه یالکز اوشیئک بر کره عاملی اولمش اولور صانعی دکلدر

صاتیجی	صاتان	بایع (بیّاع)
یازیجی	یازان	کاتب
کلیجی	کلان	وارد
کیدیجی	کیدن	عازم
ایرشیجی	ایرشن	واصل
اولدریجی	اولدرن	قاتل
ضبط ایدیجی	ضبط ایدن	ضابط
اوزمجی	اوزم صاتان	بایع العنب
شکرجی	شکر صاتان	بایع السکّر
چبوقچی	چبوق یاپان	خرّاط
کاغدجی	کاغد صاتان	بایع الورق
سودجی	سود صاتان	بایع الحلیب (بیّاع الحلیب)

س اسم مفعول نصل اولور

ج امر حاضرک صوک حرفنک اوکنه بر (لمش) کتورمسیله اولور مثلا

کورلمش	عربیسی	منظور
یانمش		محروق
بلنمش		معلوم
سویلنمش		مذکور

يازلمش	مكتوب
اورلمش	مضروب
اولدرلمش	مقتول
كسلمش	مقطوع

وقس على ذلك

شرح * بو قاعده فعل مجهول قاعده‌سنه كوره تركيب اولنملى اكرچه امر حاضر يعنى فعلك اصلى بر (ل) ياخود ا و ه ى بريسيله واقع اولور ايسه اوزمان (ل) يرنه بر (ن) اضافه ايتملى مثلا

حاضرلنمش اوقونمش سونمش الخ

س اسم منسوب نصل اولور

ج اسمك آخرنه لو يا لى (ايكيسيده جائز اوله‌رق) زياده‌سيله اولور مثلا

ازميرلو	وطنى ازمير	عربيسى	ازميرى
استانبوللى	وطنى اسلانبول		اسلانبولى
شاملو	وطنى شام		شامى
مصرلو	وطنى مصر		مصرى
غيرتلو	غيرتله مشغول		ذوغيرة
عنايتلو	عنايتله مشغول		ذوعناية
دولتلو	دولتله مشغول		ذى دولة
مرحمتلو	مرحمتله مشغول		ذى مرحمة

و بونلرك اوزينه قياس اولنور

س بنأ مرّة عدد و كميت نصل اولور

ج عددين اسمك اولنه قوملى مثلا * بر مكتوب يازدم *

بش غروشه آلدك ٭ يوز غروشه صاندى ٭ اوچ كشى
ايدك ٭ بر كيسه بشيوز غروشدر ٭ بر غروش قرق پارەدر
٭ ايكى ادم كلديلر ٭ التى دوست كلدى ٭ بر اوقه شكر ٭
بر كيله بغداى محصول الدم ٭ اون يوك اوزم صاتون
آلدم ٭ يوز درهم ياغ وير بكا ٭ بر صمون اكمك وير بكا
٭ ايكى قنطار كمور كتور بكا ٭ مصردن بر كمى پرنج كلدى
٭ بو چوقدن يكرمى بش ارشون كس ٭ كونلك اوچ فنجان
قهوه پشور ٭ درت قطعه مكتوبك جوابنى يازەجغم ٭ بش
جلد كتاب قرنداشم ايچون آلدم ٭ يارم اوقه بالق
آليويرە ٭ شوقدحه بر از صوقوى ٭ شو دستى يى طولدر ٭ الخ

س صفات مشابهه نصل كلور
ج اسمك آخرنلك كلور مثلا ٭ بنم كبى ٭ دكز كبى ٭ بو
آدم بنم پدرمه بكزر ٭ بونك مثللو ٭ بويله كتابلر بنك
واردر ٭ بويله اشيالر (شيلر) بوراده پاره ايتمز ٭ شويله
استرم بشقه درلو استمم ٭ بنم كبى بويله صادق دوست
بولەمزسن ٭

س اشارت اسم جنس نرەدە كلور
ج اسمك اوّلنك صفات ايله تعريف اولنور مثلا ٭ اركك
ارسلان ٭ ديشى ارسلان ٭ اركك قيون ٭ ديشى قيون ٭
ميوەلو اغاج ٭ ميوەسز اغاج ٭ قورى اغاج ٭ ياش اغاج ٭
تازه وشنه ٭ ششمان قارى ٭ طاتلو صو ٭ آجى صو ٭ الخ

س براسمك قربيت وبعديت وداخليه وخارجيەسنى تعريف
ايدن حرفلر قنغيلردر

ج اشته بونلردر * الت اوست اوزر اوك حضور ارد
ایچ طشره – دیشاری ایچری یان مقابله قارشو اورته
ارا مابین چوره کنار اطراف یقین اوزاق اشاغی
یوقاری ایلرو کرو مثلا * دولاب التنده یاخود دولابک
التنده * قپونک اوستنده * سفره نک اوزرنده * مکتبک
اوکنده * آردکزده * او ایچنده * قلعه نک قارشوسنده *
قهوه نک ایچنده * طشره سنده * بزم یانمزده * یول
اورته سنده * پاشانک حضورنده * بنم حقمده * باغک
چوره سنده * دکز کنارنده * اسکمله نک التنه * ایاغمک
اوزرینه * ایچنه کیردی * الخ

س حروف استثنائیه قنغیلردر

ج اشته بونلردر * الا اما لکن ولکن مکر زیرا انجق فقط
فبها نه کبی کو یا فرضا بالفرض طوته لم که نه کونه ولو
نصل نیجه الخ مثلا * بال طاتلودر اما بهالودر * بن بو
پاره یی ویریرم الا سن کفیل اولملیسن * سن بکا صورته
دوستلق کوستریورسن مکر جانمه قصدک وار ایمش *
بن قرنداشمی لوندره یه کوندرم زیرا دها کنجدر *
سویلدیککز پک مناسب انجق بکا کوره وقت دها
کلمدی * مکتوبکزی آلدم فقط جوابنی یازه مدم * عالی
پاشا عقللودر ولکن رشید پاشا دها شهرتلودر * الخ

س حرف عطف یاخود اضافه نه در

ج (و) دز بو حرف اضافه ایکی اسم وضمیر ویاخود فعلک
اراسنده بولنور مثلا * قلم و کاغد * قرنداشم و قزقرنداشم

* بن و سن * اوقومق و یازمق *

س علامت تقلیبیة نه‌در

ج (وب) در بو فعللرده اولور مثلا * کلوب کیتمک * اوقویوب یازمق * بو حرف تقلیبیه یالکز ایکی مصدر بر برینه معنایی اضافه ایتمک ایچون اولور و برده فعل شهودی اولان ماضیله اولور مثلا * کلوب کیتدم — دیمک که کلدم وکیتدم * اوطوروب سویلدی — دیمک که اوطوردی و سویلدی * یازوب اوقودی آلوب و یردی یازدی واوقودی آلدی و ویردی دیمکدر

س حرف بیانیه قنغیسیدر

ج (که) در مثلا * کچن هفته سزه بر مکتوب یازدمکه فلان شیئی آلوب بکا کوندره‌سکز * بو پاره‌یی سکا ویریورم بو شرطله که اون کونه قدر ردّ ایته‌لیسن * بو حرف بیانیه اولان (که) عبارهٔ بیانیه‌یی اوکنه الور

س اویله ایسه دها حرف بیانیهٔ اوللی

ح اوت ایکی دها واردر بریسی (دیو) بریسی (دیه‌رک) بونلر عبارهٔ بیانیه‌یی ارقه‌سنه آلوب ربط ایدرلر مثلا * فلان شیئی بکا استانبولدن الوب کوندره‌سکز دیو سزه سپارش ایتدم * بکا سن فلان ادمه درس ویر دیه‌رک رجا ایتدک

س حرف (مع) نه‌در

ج (ایله * له) در بو حرف اسم ایله ضمیرده اولور فعلده‌دخی وار ایسه‌ده فعل ایچون حرف (مع) اوچدر مثلا (له) (ارق) (رک) اسم و ضمیر ایچون اورنک * بنم ایله یاخود بنمله

❊حسن حسین ایله ❊ ولی علی ایله ❊ فعلك اولانه اورنك
❊ یازمغله ❊ کیتمکله ❊ اوقومغله ❊ کلەرك ❊ اوقویەرق ❊
تحصیل ایدەرك ❊ دیمك اولور که کلدیکی واوقودیغی
وتحصیل ایتدیکی آن ایله

شرح ❊ برشیئك شخصنی تعریف ایدەجك برکاف وبرغین واردر اکر مصدر (ك) ایله اولور ایسه بوکاف یینه قالور اکر مصدر (ق) ایله اولورسه بوقاف غین اولور حال فعل ایله منقلب اولەرق ضمیری اوکنه الور مثلا ❊ کوردیکم آدم — دیمك که او آدم کی بن کوردم ❊ صاتدیغم او — دیمك که او اوکی بن صاتدم ❊ وبونك مثللو ❊ مکتبدەکی چوجق — او چوجق کی مکتبدەدر دیمكدر ❊ کلان مکتوب — اومکتوب کی کلدی یاخود کلیور ❊ کلەجك واپور — او واپورکی یقینلك مطلقا کلور ❊ وقس علی ذلك

س معنای مستترده لسان مندرج اولان حرف قنغیسیدر

ج (جه) (ی) حرفلریدر مثلا (ترکجه) دیمك که ترکی لسانی (فرانسزجه) فرانسز لسانی (انکلیزجه) انکلیز لسانی (رومجه) روم دلی (لاتینجه) لاتین دلی (طالیانجه) طالیان دلی الخ
ی مثالی ❊ عربی دیمك که عرب لسانی ❊ فارسی دیمك که فارس یاعجم زبانی ❊ الخ

س حرف متعلق قنغیلردر

ج جه کوره مثلا ❊ دولتجه دولته متعلق اولان شی دیمكدر ❊ بنجه بر قیاس نفس ضمیره بکا متعلق اولان شی ❊ سنجه سکا متعلق اولان شی ❊ بکا کوره رأیاً بکا نسبتی اولان شی دیمكدر ❊ سکا کوره دیمك که رأیاً سکا نسبتی اولان شیدر الخ — عربیده

١ ايله اولور مثلا (عقلا) عقله متعلق اولان شي * (رسما) عادته اولان شي * (شرعا) شريعته متعلق اولان شي ديمك اكلاشلور

قاعده * تركيبده صفت دائما اسمك اوّلنده اولور و اسم تفضيل علامتي صفتك اوّلنده و اسم عدد اسم تفضيلك اوّلنده و ظرف زمان اسم عددك اوّلنده و ضمير زمانك اوّلنده و فعل اسمك اوكنده اولور يعني ابتدا ظرف صكره اسم عدد بعده اسم تفضيل صكره صفت و اسم صوكنده فعل كلور مثلا * بو كون بر اكث اوزون چبوق آلدم * يارين پك چوق مشغوليتم اوله جق * بوندن اوچ سنه اقدم ازميرده كل محله سنده يوز اللي بيك غروشه بر پك بيوك وككش او صاتون آلدم * كله جك سنه قسمت اولور ايسه فرانسه جانبنه كيتمكه نيتم وار * وقس على هذا

س آفرين عزيزم تصريف اسامي وصفات و ظروفي و صرفه دائر سائر قاعده لري پك ايو بليورسن اكر تصريف افعالي فعل سالم و فعل غير سالم يعني فعل مركّب اوزره بويله جواب ويرر ايسه ك برنجي امتيازي سكا ويريرم

ج همتكز ايله انشاالله بلورم افندم صورك

س بر فعلي تصريف ايت باقه لم

ج باش اوستنه اشته مصدر خفيف اوله رق مثبت ومنفيسينك تصريفي

	فعل معلوم	فعل نفي
	حال	
مفرد متكلم	سويورم	سوميورم
مفرد مخاطب	سويورسن	سوميورسن
مفرد غائب	سويور	سوميور

جمع متکلم	سویورز	سومیورز
جمع مخاطب	سویورسکز * سویورسز	سومیورسکز * سز
جمع غائب	سویورلر	سومیورلر

حکایهٔ حال

سویور ایدم * سویوردم	سومیوردم * ایدم
سویور ایدک	سومیوردک
سویور ایدی	سومیوردی
سویور ایدک	سومیوردک
سویور ایدیکز	سومیوردیکز
سویور ایدیلر	سومیوردیلر

مضارع

سورم	سومم
سورسن	سومزسن
سور	سومز
سورز	سومیز
سورسز * سکز	سومزسکز
سورلر	سومزلر

حکایهٔ مضارع

سورایدم * سوردم	سومزدم * سومزایدم
سورایدک	سومزدک
سور ایدی	سومزدی
سورایدک	سومزدک
سورایدیکز	سومزدیکز
سورایدیلر	سومزدیلر

ماضئ شهودی

سودم	سومدم
سودک	سومدک
سودی	سومدی
سودک	سومدک
سودیکز	سومدیکز
سودیلر	سومدیلر

ماضئ نقلی

سومشم	سوممشم
-- مشسن	-- ممشسن
-- مش (در)	-- ممش (در)
-- مشز	-- ممشز
-- مشسکز	-- ممشسکز
-- مشلر (در)	-- ممشلر (در)

حکایهٔ ماضئ نقلی

سومشدم	سوممشدم
— مشدک	— ممشدک
— مشدی	— ممشدی
— مشدک	— ممشدک
— مشدیکز	— ممشدیکز
— مشدیلر	— ممشدیلر

مستقبل

سوه‌جکم	سومیه‌جکم
— ه‌جکسن	— یه‌جکسن

سوه جك (در)	سومیه جك (در)
— ه جكز	— میه جكز
— ه جكسكز	— میه جكسكز
— ه جكلر	— میه جكلر

حكایۀ مستقبل

سوه جكدم	سومیه جكدم
— جكدك	— میه جكدك
— جكدی	— میه جكدی
— جكدك	— میه جكدك
— جكدیكز	— میه جكدیكز
— جكدیلر	— میه جكدیلر

مستقبل وجوبی

سوملییم	سومملییم
— ملیسن	— مملیسن
— ملی (در)	— مملی (در)
— ملییز	— مملییز
— ملیسكز * ملیسز	— مملیسكز * مملیسز
— ملیدرلر	— مملیدرلر

حكایۀ وجوبی

سوملی ایدم	سومملیدم
— ملی ایدك	— مملیدك
— ملی ایدی	— مملیدی
— ملی ایدك	— مملیدك

سوملی ایدیکز	سوممليديكز
— ملی ایدیلر	— ممليديلر

دیکر مستقبل وجوبی

سوسه‌م کرک	سومسه‌م کرک
سوسه‌ڭ کرک	سومسه‌ڭ کرک
سوسه کرک	سومسه کرک
سوسه‌ك کرک	سومسه‌ك کرک
سوسه‌ڭز کرک	سومسه‌ڭز کرک
سوسه‌لر کرک	سومسه‌لر کرک

مضارع شرطی

(اکر)

سور ایسه‌م		سومز ایسه‌م
— ایسه‌ڭ		— مزایسه‌ڭ
— ایسه	(اکر)	— مزایسه
— ایسه‌ك		— مزایسه‌ك
— ایسه‌ڭز		— مزایسه‌ڭز
— ایسه‌لر		— مزایسه‌لر

دیکر

سوسه‌م	سومسه‌م
— سه‌ڭ	— مسه‌ڭ
— سه	— مسه
— سه‌ك	— مسه‌ك
— سه‌ڭز	— مسه‌ڭز
— سه‌لر	— مسه‌لر

حکایهٔ شرطی

سوسه ایدم	سومسه ایدم
— سه ایدک	— مسه ایدک
— سه ایدی	— مسه ایدی
— سه ایدک	— مسه ایدک
— سه ایدیکز	— مسه ایدیکز
— سه ایدیلر	— مسه ایدیلر

ماضئ شرطی

سودم ایسه	سومدم ایسه
یاخود	یاخود
سودی ایسه‌م	سومدی ایسه‌م

الخ

ماضئ نقلئ شرطی

سومش ایسه‌م	سوممش ایسه‌م
— مش ایسه‌ک	— ممش ایسه‌ک
— مش ایسه	— ممش ایسه
— مش ایسه‌ک	— ممش ایسه‌ک
— مش ایسه‌کز	— ممش ایسه‌کز
— مش ایسه‌لر	— ممش ایسه‌لر

ماضئ سابق شرطی

سومش اولیدم	سوممش اولیدم
— مش اوله‌ایدک	— مش اولیدک
— مش اوله‌ایدی	— ممش اولیدی

(الله ویره)
(کاشکی)

سومش اوله ایدق	سوممش اولیدق
ــ مش اوله ایدیکز	ــ ممش اولیدیکز
ــ مش اوله ایدیلر	ــ ممش اولیدیلر

مستقبل شرطی

سوه‌جك ایسه‌م	سومیه‌جك ایسه‌م
سوه‌جك ایسه‌ك	سومیه‌جك ایسه‌ك

الخ

حكایهٔ مضارع شرطی

سومش اولورم	سوممش اولورم

الخ

حكایهٔ ماضئ سابق

سومش اولوردم	سوممش اولورایدم

الخ

امر حاضر

سو	سومه
سوك * سویكز	سومیك * سومیكز
سوه‌لم	سومیه‌لم

امر غائب

سوسون	سومسون
سوسونلر	سومسونلر

فعل التزامی

سوه‌یم	سومیه‌یم
ــ ه‌سن	ــ میه‌سن

سوه	سومیه
— ه‌لم	— میه‌لم
— ه‌سکز * سز	— میه‌سکز * سز
— ه‌لر	— میه‌لر

حکایهٔ فعل التزامی

سوه ایدم	سومیه ایدم
— ایدک	— میه ایدک
— ایدی	— میه ایدی
— ایدک	— میه ایدک
— ایدیکز	— میه ایدیکز
— ایدیلر	— میه ایدیلر

مصدر

سومک	سومه‌مک

اسم فاعل

سون	(مُصَّرف)	سومین
سور	(غیر مُصَرَّف)	سومز

ماضی

سودک	(منُصرف)	سومدک
سومش	(غیر منصرِف)	سومه‌مش

مستقبل

سوه‌جک	(ممکن الاعراب)	سومیه‌جک
سوه‌لی	(غیر ممکن الاعراب)	سومه‌لی

قاعده‌سز اسم زمان ایله

اسماء فاعل

سورکن * سور ایکن	سومزکن * سومز ایکن
سووب * سوب	سومیوب
سوه‌رک	سومیه‌رک
سونجه	سومینجه
سودکجه	سومدکجه
سودکده	سومدکده
سومکده	سوممکده
سومکله	سوممکله
سوه‌سوه	سومیه‌سومیه
سوه‌لی	سومیه‌لی
سومزدن اوّل	سوممزدن اوّل
سومه‌دن اوّل	سوممه‌دن اوّل
سودکدنصکره	سومدکدنصکره
سومکسزین	سوممکسزین

تنبیه بو تصریف فعل اوزره کرک مصدر ثقیل وکرک سائر فعللر خواجه‌نڭ تعریف و شرحیله تصریف اولنور

س آغرین پک ایو بلدڭ وفعل استفهامی نصل اولور

ج بر (می) اضافه‌سیله اولور مثلا

حال

سورمیسیم	سومم می
سورمیسن	سومزمیسن

(مصادر خفیفه)

کیتمک
کلمک
ییمک
ایچمک
یتشمک
عزیمت ایتمک
ویرمک
استمک
ایشتمک
بلمک
کسمک
کوندرمک
کولمک
کیرمک
اینمک
جواب ویرمک
غیب ایتمک
ییمک
کچمک
بتورمک
ایشلمک
ایندرمک

سورمی	سومزمی
سورمیییز	سومزمیییز
سورمیسکز	سومزمیسکز
سورلرمی	سومزلرمی
ماضی	
سودممی	سومدممی
سودکمی	سومدکمی
سودیمی	سومدیمی
سودکمی	سومدکمی
سودیکزمی	سومدیکزمی
سودیلرمی	سومدیلرمی
مستقبل	
سوه‌جکمیيم	سومیه‌جکمیيم
سوه‌جکمیسن	سومیه‌جکمیسن
سوه‌جکمی (در)	سومیه‌جکمی (در)
سوه‌جکمیيز	سومیه‌جکمیيز
سوه‌جکمیسکز	سومیه‌جکمیسکز
سوه‌جکلرمی	سومیه‌جکلرمی
فعل التزامی	
سوه‌یم می	سومیه‌یم می
سوه‌سن می	سومیه‌سن می
سوه‌می	سومیه‌می
سوه‌لم می	سومیه‌لم می

(مصادر ثقیله)
یازمق
اوقومق
باقمق
اوطورمق
قالقمق
صاتمق
صانمق
المق
قزانمق
قپامق
یاقمق
قومق
بولمق
او یومق
طوتمق
اچمق
اغلامق
براقمق
صورمق
اتمق
چیقمق
یاپمق

سوه‌سکزمی

سوه‌سکزمی	سومیه‌سکزمی
سوه‌لرمی	سومیه‌لرمی

س و فعل مالکیه نصل اولور

ج فعل مالکیه کرک مفرد کرک جمع براسمک ضمیر نفس متکلم ومخاطب وغائبنده نصکره مثبته بر (وار) یاخود واردر ومنفیه بر (یوق) یاخود یوقدر اضافه‌سیله اولور مثلا

حال

بنم وار (در)	بنم یوق (در)
سنک وار	سنک یوق
انک وار	انک یوق
بزم وار	بزم یوق
سزک وار	سزک یوق
انلرک وار	انلرک یوق

حکایهٔ حال

بنم وار ایدی   بنم یوغیدی

حکایهٔ نقلی

بنم وار ایمش   بنم یوغیمش

مضارع شرطی

بنم وارایسه   بنم یوغیسه

الخ

بونک استفهامی

بنم وارمی (در)   بنم یوقمی (در)

بنم وارمیدی　　　بنم یوغمیدی

بنم وارمی ایمش　　　بنم یوغیمش

الی اخره

اشته اسامی ایله فعل مالکیه نک صورت تصریفی

حال

کاغدم وار (در)　　　اکمکم یوق (در)

مرکبك وار　　　شرابك یوق

قلمی وار　　　میوه سی یوق

قلمتراشمز وار　　　اتمز یوق

مقاصکز وار　　　شکرکز یوق

قوملری وار　　　صولری یوق

حکایهٔ حال

بر تفنکم وار ایدی　　　بر طبانجهم یوغیدی

حکایهٔ نقلی

ارمودم وار ایمش　　　میوه م یوغیمش

ماضئ شهودی

بر اولادم اولدی　　　بر قزم اولمدی

ماضئ نقلی

بر قصابم اولمش　　　بر بلام اولمامش

حکایهٔ ماضئ نقلی

بر دعوام اولمش ایدی　　　بر دشمنم اولمامشدی

مستقبل

بر قاطرم اوله جق　　　بر قصراغم اولمیه جق

مستقبل وجوبی

ساغتم اولملی قورقوم اولملی

مضارع شرطی

حقم وار ایسه وقتم یوغسه
حقم اولور ایسه وقتم اولماز ایسه
حقم اولسه وقتم اولمسه
حقم ایسه وقتم دکل ایسه

حکایهٔ شرطی

براوم اولسیدی قامیلیام اولمسیدی
براوم اولیدی قامیلیام اولیدی

حکایهٔ مستقبل شرطی

یتاغم اولور ایدی چوق مصرفم اولمازدی

امر

آتم حاضر اولسون خدمتکارم بیوک اولمسون
وقس علی ذلک

شرح درج اولندیغی اوزره فعل مالکیه نک اکثر اوقاتی (اولمق) مصدرندن کلور

س فعل مالکیه نک استفهامی نصل اولور

ج ینه (می) اضافه سیله اولور مثلا

باقرم وارمی (در) قاوم یوقمی (در)
پرنجم وارمیدی سلاحم یوغمیدی
قلایم وارمی ایمش قامچیم یوغمی ایمش
قسم اولدیمی اولادلرم اولمدیمی

مغازه‌م اولمشمی — خبرم اولمشمی
چوقه‌م اوله‌جقمی — منصبم اولمیه‌جقمی
فردبانم اولورمی — کارم اولمازمی
بر شهرنم اولورمیدی — بر دوستم اولمازمیدی

و بونلک اوزرینه قیاس اولنه

س آفرین عزیزم پک ایو جواب ویردک شمدیکی صوره‌جغمه طوغری جواب ویره بلورایسه‌ک بنم وجمله خلقک آفرینه مستحق اولورسن

ج بیورک افندم

س فعللرده مستعمل اولان ضمائر نسبیه دیدکلری یعنی فعل اعانه مقامنده اولانلر قنغیلردر

ج خواجه افندی بونلری او بر درسلردن دها ایو بیلورم اشته بونلردر

منفی	مثبت
	حال
دکلم	م — یم
دکلسن	سن
دکل (دز)	در
دکلز	ز — یز
دکلسکز	سکز — سز
دکلدرلر	درلر
	حکایهٔ حال
دکل ایدم — دکلدم	ایدم — دم
دکل ایدک	ایدک — دک

ایدی

ایدی   دکل ایدی
ایدک   دکل ایدک
ایدیکز   دکل ایدیکز
ایدیلر   دکل ایدیلر

حکایهٔ نقلی

ایمشم * مشم   دکل ایمشم
ایمشسن   دکل ایمشسن
ایمش (در)   دکل ایمش (در)
ایمشز   دکل ایمشز
ایمشسکز   دکل ایمشسکز
ایمشلر   دکل ایمشلر

مضارع شرطی

ایسه‌م   دکل ایسه‌م
ایسه‌ک   دکل ایسه‌ک
ایسه   دکل ایسه
ایسه‌ک   دکل ایسه‌ک
ایسه‌کز   دکل ایسه‌کز
ایسه‌لر   دکل ایسه‌لر

اسم فاعل

ایکن * کن   دکل ایکن

ماضئ شهودی

دق * ایدوک * دک   مدق * مدک

ماضئ نقلی

ایمش * مش   دکل ایمش

قبیل اسم فاعل

وپ * ب میوب

بوفعل اعانه‌نك بقیهٔ اوقاتی فعل مالکیه کبی (اولمق) مصدرندن النور

شرح بو فعل ضمیرایله بویله کلور مثلا بن‌یم سن‌سن اودر بزیز سزسکز انلردرلر

اشته صفات ایله فعل اعانه‌نك صورت تصریفی

مثبت و منفی

حال

بن خشنودم	بن حاضر دکلم
سن خسته‌سن	سن قونلو دکلسن
او تنبلدر	او انصافلو دکل (در)
بز بختلویز	بز مشغول دکلز
سز مسرورسکز	سز فقیر دکلسکز
انلر غیرتلودرلر	انلر خرسز دکلدرلر

حکایهٔ حال

بن مقیدایدم	بن محزون دکل ایدم

حکایهٔ نقلی

بن دلشاد ایمشم	بن مکدر دکل ایمشم

ماضی شهودی

ممنون اولدم	سرخوش اولمدم

ماضی نقلی

ترجمان اولمشم	ناظر اولمامشم

حکایه

حكايهٔ ماضیٔ نقلی

کیفسز اولمش ایدم　　　بازرکان اولمامش ایدم

مستقبل

محتاج اولهجغم　　　شهرتلو اولمیهجغم

مستقبل احتمالی

عالم اولورم　　　اوقومش اولمام

مستقبل وجوبی

راضی اولملییم　　　قائل اولملییم

مضارع شرطی

پاشا ایسهم　　　دفتردار اولمزسهم

کتخدا اولسهم　　　خارجیه ناظری اولمسهم

حکایهٔ شرطی

قونسلوس اولیدم　　　داخلیه مشیری اولمییدم

حکایهٔ مستقبل شرطی

میرالای اولورایدم　　　تجارت مشیری اولمزایدم

امر حاضر وغائب

اول　اولسون　اولهلم　اولک　اولسونلر

اولمه　اولمسون　اولمیهلم　اولمیک　اولمسونلر

فعل التزامی

سوکولو اولهیم　　　ضبطیه مشیری اولمیهیم

الخ

حکایهٔ فعل التزامی

صدراعظم اولیدم　　　مالیه ناظری اولمییدم

ماضی

مستشار اولمش اولایدم عسکر مشیری اولمامش اولایدم

اسم فاعل

مفرده ایکن ضابط دکل ایکن

ماضی

جنکده ایدوکی نفر اولمدیغی

سرعسکر اولمش سرکاتب اولمامش

قپودان پاشا اولوب مباشر اولمیوب

و بونك تصریف فعل استفهامیسی وجدانی اوزره اولور مثلا
لایقمی یم عنادجی میسن طارغونمسی یاخود طارغونمیدر
طوپالمی یز مهندسمیسکز صرّافمیدرلر

وقس علی ذلك

تکلمده اك مستعمل اولان خطاب و جواب

مراسمنه دائر

(مسالمه) مرحبا* ج مرحبا*

(سلام) صباحکز خیر اوله * صباحلر خیر اولسون ج صباح شریفلر خیر اولسون * عاقبتکز خیر اولسون *

خوش کلدك * خوش کلدك صفا کلدك * خوش کلدیکز صفا کلدیکز * ج خوش بولدق *

وقتکز خیر اوله * ج وقتلر خیر اولسون * الله راضی اوله * اللهه امانت اول *

اخشاملر خیر اوله * اخشامکز خیر اولسون * ج اخشاملر خیر اولسون کیجه‌کز خیر اوله * کیجه‌لر خیر اولسون * ج خیره قارشو *

(سؤال خاطر) نصلسن * نصلسکز * نیجه‌سکز * کیفکز ایومی *
کیف شریفکز نصلدر * ج الله‌ه امانت اولک * شکر افندم
یاسزک مبارک کیفکز نیجه‌در * ج پک ایویم افندم *
الحمدلله عمر دولتلری دعاسیله مشغولم *

(تکلیف) بیورک * بیوریکز * ج ممنونم * تشکرم (ای والله) *

(تبریک عید) بیرام مبارک اوله * بیرامکز مبارک اوله *
عید شریفکز خیر اوله * بیرام مبارکی ج سزه ده مبارک اولسون
* الله راضی اوله * الله راضی اولسون *

(تبریک ولادت) قدمی مبارک اولسون * ج الله راضی
اولسون *

(وداع) دعالر * دعالر سزه * خوشجه قالک * الله‌ه اصمرلدق
ج سعادت ایله * وارک صاغلغله * الله سلامت ویره * الله
سلامت ویرسون * اوغور اوله * اوغورلر اولسون * الله راضی
اوله * الله راضی اولسون *

(استیذان) بندکزه اذن * بکا رخصت * بکا دستور * ج اذن
سزکدر * رخصت سزکدر *

(ایفای تشکر) ممنونم * تشکرم * برکات ویرسون * الله راضی
اولسون * معمر اولک *

(تبریک و دعا) چوق یاشا * برخوردار اول * آفرین * ماشاالله
* صاغ اولک * زیاده اوله * برکات ویرسون *

(تحیه) عافیتلر اوله * عافیتلر اولسون * صحتلر اولسون * ج الله
راضی اوله * الله‌ه امانت اوله *

(رجا) رجا ایدرم * التماس ایدرم * نیاز ایدرم * تضرّع ایدرم * تمنی ایدرم * یالواررم * سزه رجا ایدرم * سزدن پک رجا ایدرم * سزدن استرحام ایدرم * خاکپایکزدن رجا و نیاز ایدرم * خاکپایکزدن استرحام ایدرم * سزه بر رجام وار *

(ترغیب) قولای کله * ایش اولسون * ج الله راضی اوله *

(تشویق) ده * هایده * ده ایمدی * ها بابام ها یاوروم ها قوزم ها * کورهیم سنی *

(تمنی) کاشکی — کشکه * بولایکه * نه اولایدی * انشاالله * الله ویرسون * الله ویره * اولسون * پک ایو * پک کوزل * باش اوستنه * نه کوزل * جانمه منت * جان و کوکلدن *

(قسم) والله * واللهِ باللهِ تاللهِ * الله حقی ایچون * باشم ایچون *

(انکار) استغفرالله * حاشا * الله صقلاسون * الله کوسترمسون * معاذالله *

(خسته‌لره) کچمش اوله * ج الله راضی اوله یاخود الله راضی اولسون *

(تعزیه) باشکز صاغ اولسون * ج سزلره عمر *

(اعتراف نعمه) ایولککزی طانورم * بوکرمکزی اصلا اونتمیه‌جغم * شکرینه قادر دکلم *

(اخطار) بویله یاپسه‌کز دها ایو اولور * سزک رایکز دها اصوبدر

(طلب رای) سز نه دیرسکز * نصل یاپه‌لم * نیجه ایده‌لم * نصل یاپسه‌ق دها ایو اولور * سزک دوشندیککز نه‌در * سزک

عقلکز

عقلكز نه كسيور * سز نه ديرسكز * سز نه راى ويررسكز * سز اولسه كز نه ياپارسكز * بونك چاره سى * بونك اصولى * بونك نظامى * بونك قولايى *

(تصديق) بن سزه تصديق ايدرم * پك ايو ياپديكز * پك مناسب * پك يولنلى * بوندن دها ايو اولهماز *

(اتفاق) بن سزكله برابرم * اعتبار سوزمى سزه ويريورم * سزكله متفقم *

(اعتماد) سزه ايناندرم * سزه اعتمادم وار * كندو ايشكزدن زياده بنم ايشمه همت ايدرسكز * بكا اولان سزه راجعدر *

(مأيوسيه) نه چاره * الدن نه كلور * بوكا برچاره يوقدر * صبر ايتملى * صاغلق اولسون *

(تأسفيه) بكا پك چوق غدر اولدى * اى واه * واى * مدد * حيف * يازق * يازق سكا * يازقلر اولسون * فقرايه پك چوق اجيورم * اى واه ظلم اولدى بكا * اى آدمجاس پك چوق غدر ايتدى *

(تكدير يه) بو سكا ياقشورمى * بويله شى عيبدر * بويله شى بر دها ايتمه * كورمى سن * اللهدن قورقمازميسن * عقلك يوقمى * دلىميسن * (الله سكا عقل ويرسون) *

باب ثانی

عربیه‌دن مأخوذ اولوب لسان ترکیده استعمال اولنان
افعال واسامی نڭ اوزان وابوابی
علی وجه الاختصار تقسیم
و بیان اولنور

(فعل تعریفنده‌در)

لسان عربه آشنا اولانلرڭ معلوملریدرکه کلمهٔ عرب اوچ حرفدن التی حرفه قدر بو اوچ حرفلو کلمه‌یه ثلاثی المجرد تعبیر ایدرلر ودرت وبش والتی حرفلو اولانلره رباعی وخماسی وسداسی تعبیر اولنوب ثلاثی مزیدٌ فیه دیرلر یعنی اوچ حرفلونڭ اوزرینه زیاده اولنمشدر دیمکدر *١

ثلاثی نڭ مصدرلری سماعی اولوب قیاسی اولمدیغندن بر قرار اوزره کلمزلر ولکن ترکیده مستعمل اولان مصدرڭ وزنی بودر قتل ایتمک (اولدرمک) فهم ایتمک (اڭلامق) ضرب ایتمک (اورمق) عزیمت ایتمک (کیتمک) محبّت ایتمک (سومک) ورود ایتمک (کلمک) وصول بولمق (یتشمک) خلط ایتمک (قارشمق) الی اخره *٢

ثلاثی

*٢ قتل ایتمک مصدر اولدرمک دیمکدر ماضیسی قاف وتا ولام فتحیله اوقونوب قَتَلَ یعنی اولدردی دیمکدر بو ماضی یی مفرد مذکر اسم فاعل قیلمق مراد اولندقده اولکی حرفله ایکنجی

حرفڭ

*١ معلومدرکه کلمهٔ عرب کرک فعل وکرک اسم اوچ حرفدن اکسک اوله‌مدیغی مثللو التی حرفدن دخی زیاده اوله‌مز انڭ ایچون ثلاثی دن سداسی یه تعبیر اولنور

ثلاثی المجردک وزنی فَعَلَ یَفعَلُ و بو وزن اوزره التی باب واردر بو بابلر بقیهٔ افعال واسامینک اوزان وامثلهسی بیان اولنهجق محلده بونلر دخی بیان اولنور

ثلاثی اوزرینه زیاده اولنان افعالک مصادری قیاسی اولدیغندن دائما برقرار اوزره اولورلر ثلاثی مزیدٌفیه یعنی ثلاثینک فعل ماضیسی اوزرینه زیاده اولانلر دخی اوچ درلودر

(اولکی درلوسی)

ثلاثی نک فعل ماضیسی اوزرینه بر حرف زیاده اولنور بودخی اوچ بابدر

اولکی بابی : اوّلنه برالف زیادهسیله اولور بونک مصدرینک وزنی اِفعَال (ایشلتمک) اِعمال (یاپدرمق) اِفهام (اکلاتمق)

حرفک مابیننده برالف زیاده ومدیله اولور قاتِل اولدرن اشته بوکا اسم فاعل تسمیه ایدرلر اسم مفعول یاپمق مراد اولندقده ماضینک اولنده برمیم و صوک حرفک قبلنه برواو علاوهسیله اُولور مقتول اولدرلمش و مذکّرک صوک حرفنه برها علاوهسیله مُونث اولور مثلا قاتله اولدرن برقاری مقتوله اولدرلمش برقاری و ماضینک اولنه یالکز برمیم اضافهسیله هم اسم مکان همدخی اسم زمان اولور مثلا مَقتَل اولدرهجک یر یاخود وقت اسم تفضیل اولکی حرفنک اوکنه برالف ضمیله اولور اقتل اک زیاده اولدریجی مبالغه ایله اسم فاعل دیمکدر و ایکنجی حرفله اوچنجی حرفنک مابیننده برالف و تشدید ایله اولور مثلا قتّال چوق اولدریجی اسم فاعل و اسم مفعولک جمع مذکری

ارسال (کوندرمک) احراق (یاقمق) اخراج (چیقارمق) الخ وزن الفعل اَفعَلَ یُفعِلُ اِفعَالاً

ایکنجی بابی : اورته‌سنده‌کی حرفک جنسندن بر حرفک زیاده‌سیله اولور مثلا تکثیر (چوغالتمق) تفریح (فرحلندرمق) تصدیع (باش اغرتمق) تعلیم (اوکرتمک) تحویل (چویرمک) تحریر (یازمق) تسییر (یوللامق) الخ شونک وزنی فَعَّلَ یُفَعِّلُ تَفعِیلاً

* ثلاثی مزیدٌ فیهِ اولان رباعی‌نک اولکی و ایکنجی بابلوینک تصریفنه متعدی اولان فعل ثلاثی کلمز مطلق لازم اولان فعلدن کلور بو قاعده‌یه غایت دقت اولند چونکه بابین مذکورینک قوت و حکمی مطلق لازم اولان فعلی متعدی ایتمکدر *

اوچنجی بابی : اولکی حرفله ایکنجی حرفک اراسنده بر الفک زیاده‌سیله اولور بونک مصدری مُحارَبه (جنک ایتمک) مُقاتله (اولدرشمک) منازعه (نزاعاشمق) مُخالفه (قارشو طورمق)

اخرنده بر واو و بر نون علاوه‌سیله اولور قاتلون اولدرن ارککلر مقتولون اولدرلمشلر بوکا جمع صحیح دیرلر هم دخی اسم مفرد مذکرک صوکنده بر یاو بر نون اضافه‌سیله بر جمع اولور مثلا قاتلین و ماضینک اخرنده یالکز ها زیاده‌سیله اولور مثلا قتله بر طاقم اولدرجیلر اسم فاعل و اسم مفعولک جمع مُونثی یاپلمق اوزره مفرد مذکرک بر الف و بر تا اضافه‌سیله اولور مثلا قاتلات اولدرن قاریلر مقتولات اولدرلمشلر دیشیلر الخ

مُصاحبه (صحبت ایتمک) الخ وزن الفعل فَاعَلَ یفَاعِلُ مُفاعاةً

(ایکنجی درلوسی)

ثلاثینک فعل ماضیسی اوزرینه ایکی حرف زیاده

اولنان بابلر دخی بش بابدرلر

اولکی بابی : اولنده بر الف و بر نونک علاوه‌سیله اولور بونک مصدرینک وزنی اِنکسار (قیرلمق) اِنفهام (اکلاشلمق) انقطاع (کسلمک) انحراف (بوزلمق) انجباب (اوتانلمق) الخ وزن ماضیسی اِنفَعَلَ اِنکسرَ (قیرلدی) مضارعی یَنفَعِلُ ینکسر (قیرلور) مصدری اِنفِعالاً انکسارا (قیرلمقلق)

ایکنجی بابی : اولنده بر الف و اولکی حرفله ایکنجی حرفک مابیننده بر تانک زیاده‌سیله اولور بونک مصدرینک وزنی اجتماع (طوپلانمق) اِستماع (ایشدلمک) اِحتراق (یاقلمق) اَکتساب (قزانلمق) اکتتاب (یازلمق) احتمال (یوکلنمک) الخ بو فعلک وزنی اَفتَعَلَ یَفتَعِلُ افتعالاً

اوچنجی بابی : اولنده بر الف و اخرنده حرفک جنسندن بر حرفک زیاده‌سیله اولور بونک مصدری احمرار (زیاده قزارمق) وزنی اَفعَلَّ یَفعَلُّ افعلالاً

دردنجی بابی : اولنده بر تا و اورته سنده‌کی اولان حرفک جنسندن بر حرفک زیاده‌سیله اولور بونک وزنی تَفَعَّلَ یَتَفَعَّلُ تَفعّلاً وزن مصدری تَعلّم (کندو کندونه اوکرنمک) تفهّم (کندو کندونه اکلامق) تفرّح (کندو کندونه فرحلنمق) تفکّر (کندو کندونه دوشنمک) تحوّل (کندو کندونه دونمک) تذکّر (کندو کندونه ذکر ایتمک) تکلّم (کندو کندونه سویلمک) الخ

بشنجی بابی : اولنده بر تا و اولکی حرفله ایکنجی حرفک مابیننه بر الفک زیاده‌سیله اولور بونک وزنی تَفَاعَلَ يَتَفَاعَلُ تَفَاعُلاً مثلا تباعد (بر بریله اوزاقلشمق) تضارب (بر بریله دوکشمک) تحازن (بر بریله محزونلشمق) تغافل (بر بریله غفلتده بولنمق) تنازع (بر بریله نزاعلشمق) تحابب (بر بریله سوشمک) الخ

(اوچنجی درلوسی)

ثلاثینک ماضیسی اوزرینه اوچ حرف زیاده اولنور دخی بر بابدرکه اولنه بر الف بر سین برده تا زیاده‌سیله بو بابک حکمی استمک ایچوندر وزنی اِسْتَفْعَلَ يَسْتَفْعِلُ اِسْتِفْعَالاً موزون مصدری

اِستِعمال	ایشلمک استمک
اِستِمداد	یاردم ایتمک استمک
اِستِفهام	اکلمق استمک
اِستِعمال	قوللانمق استمک
اِستِحسان	کوزل کورمک استمک
اِستِیذان	اذن استمک
اِستِعفا	عفو بیورمق استمک
اِستِخبار	خبر استمک
اِستِرحام	رحمت استمک
اِستِسال	صورمق استمک
استعلام	بلمک استمک

استرسال کوندرمك استمك
وقس علی هذا

(رباعی المجرد بیاننده در)

رباعی المجرد بر بابدر و بونده کی اولان حرفلر اصلیدرلر وباب مذکورك متعلی یوقدر و هم لازم اولور هم متعدی اولور وزنی فَعْلَلَ یفعلل فعللةً و فعلالاً موزونی دحرجَ (یوارلدی) یدحرجُ (یوارلر)دحرجةً ودحراجاً (یوارلمق) ترجمه ایتمك (تمیزه چیقارمق) زلزله ایتمك (دتره‌مك) شربکة ایتمك (طولاشدرمق) عسکرة ایتمك (طوپلانمق) غربلة ایتمك قاربوللمق وقس علی ذلك

(فعل معتل بابنده در)

حروف علتدن غیر واقع اولانلره فعلِ سالم حرف علت واقع اولانلره فعل غیر سالم و یاخود فعل مُعتل تعبیر ایدرلر
حروف علّه بشدر بونلر افعال ثلاثینك یا اولنده یاخود اورته‌سنده و یاخود آخرنده واقع اولورلر اوّلنده واقع اولانه معتّل الفا دیرلر یعنی اولی علتلو اورته‌سنده واقع اولانه معتل العین یاخود اجوف و اخرنده واقع اولانه معتل اللام دیرلرو بر کلمه‌ده ایکی حرف بر جنسندن واقع اولانه تضعیف تسمیه ایدرلر : معتل الفا وعدایتمك (سوز ویرمك) وصف ایتمك (اوکمك) : اجوف یعنی معتل العین خوف ایتمك (قورقمق) قول ایتمك (سوز کسمك) : معتل اللام جزأ جفأ قضأ فنأ بنأ ایتمك وتضعیف دیدکلری مَدّ شدّ شقّ فرّ مثللو وقس علی هذا

ثلاثی نڭ فعل ماضیسی اوزرینه بر حرف زیاده اولنان بابك فا الفعلنده حرف علتدن واو واقع اولورایسه مصدرنك یایه قلب اولنور مثلا وقعَ ایقاع (دوشرمك) وصلَ ایصال (اولاشدرمق) وجبَ ایجاب (لازم ایتدرمك) وجدَ ایجاد (یكیدن یاپمق) وفی ایفا (اوده‌مك) الخ

(معلوم ومجهول فعللری تعریفنك‌در)

فعل معلوم اكا تسمیه ایدرلركه سنك ایتدیكك فعل یاخود ایش برغیریسنه سندن كچر مجهول اكا تعبیر ایدرلركه برغیریسندن سن یاپلورسن مثلا ضرب ایتمك (اورمق* دوكمك): اضطراب (دوكلمك) قطع ایتمك (كسمك) انقطاع (كسلمك) وهلم جرّا

(متعدی ولازم فعللری بیانیك‌در)

متعدّی اكا دیرلركه دائما سنك ایشك برغیریسنه كچر لازم اكا تسمیه ایدرلركه سنك ایشلرك برغیریسنه جاری اولمیوب كندو نفسڭك قالانه دیرلر فعل متعدی یه اورنك قتلَ (اولدردی) كتبَ (یازدی) نصرَ (یاردم ایتدی) الخ : فعل لازمه اورنك جلسَ (اوطوردی) اكلَ (ییدی) شربَ (ایچدی) ذهبَ (كیتدی) فهم (اكلادی) وقس علی ذلك

(اسم فاعل تركیب و بیانیك‌در)

عربی نڭ متعدی و یاخود لازم ایله متعدی اراسنك مشترك فعللری اسم فاعل مفرد مذكر یاپمق مراد اولندقده ماضینڭ

اولکی حرفله ایکنجی حرفی مابیننده بر الفک زیادهسیله اولور
مثلا قَتَلَ (اولدردی) قاتل (اولدرن یاخود اولدریجی)
جمع مذکر مصححی قاتلون جمع مذکر مکسری قتّال قتَلَة
اسم مذکورک مفرد مؤنثی بروجه تعریف ینه اسم فاعلک
ترکیبی اولوجهله اولوب فقط صوک حرفک آخرنده برها تأنیث
علاوهسیله اولور مثلا

مذکر	مونث	
قاتل	قاتله	اولدریجی
کاذب	کاذبه	یلانجی
کافر	کافره	دیندن چیقیجی
کاتب	کاتبه	یازیجی
کامل	کامله	عیبسز
خاین	خاینه	خیانت ایدیجی
فاسق	فاسقه	زناایدیجی
جارح	جارحه	یارهلایجی
ذاهب	ذاهبه	کیدیجی
عازم	عازمه	نیت ایدیجی
وارد	وارده	کلان
واصل	واصله	اولاشان
واقف	واقفه	بیلیجی * طوریجی
وافر	وافره	چوق
واحد	واحده	بر
راشد	راشده	حقله حرامی بیلیجی

اسم فاعل مفرد مونثنگ جمع مصححی یاپمق مراد اولندقده ها الفه
تبدیل واخرنده برتا زیادهسیله اولور مثلا قاتلات کاذبات کافرات
کاتبات کاملات کبی جمع مکسری اسم فاعلک الفی بر واوه تبدیل
و وا وک اوکنده برالف زیادهسیله مثلا لوازم لواحق عوارف غوافل
روابط عوامل الخ

عارف	عارفه	طانیجی
عامل	عامله	ایشلیجی
غافل	غافله	دالغین
رابط	رابطه	باغلایجی
واهب	واهبه	باغشلایجی

بونلر ثلاثیدن اسم فاعللردر وقس علی هذا

ثلاثی نڭ فعل ماضیسی اوزرینه بر الف زیادەسیله اولان یعنی رباعینڭ اولکی بابنڭ اسم فاعلی اولنلق بر میم علاوەسیله اولور مثلا إکرام (ایولك ایتمك) مُکرِم (ایولك ایدیجی) افهام (اکلاتمق) مفهِم (اکلادیجی) احسان * انعام (احسان ایتمك) مُنعِم * مُحسِن (احسان ایدیجی) الهام (حق طرفندن خبر ویرمك) ملهِم (حق طرفندن خبر ویریجی) ارشاد (ایو ایله فنایی بیلدرمك) مرشِد (ایو ایله فنایی بیلدریجی) اظهار (میدانه چیقارمق) مظهِر (میدانه چیقاران) وقس علی ذلك

ثلاثی نڭ فعل ماضیسی جنسندن برحرفڭ زیادەسیله اولان یعنی رباعینڭ ایکنجی بابنڭ اسم فاعلی اولندە بر میمڭ واورتەسندەکی حرفڭ تشدیدیله اولور مثلا تقدیم (کوندرمك وویرمك) مقدِّم (ویرن ویاخود کوندرن) تعلیم (اوکرتمك) معلِّم (اوکردیجی خواجه دیمکدر) تفهیم (زیادە اکلاتمق) مفهِّم (زیادە اکلادیجی) تعظیم (اولولتمق) معظِّم (اولولدیجی) وقس علی هذا

ثلاثی نڭ فعل ماضیسنڭ اولکی حرفله ایکنجی حرفڭ اراسنە بر الف زیادەسیله اولان یعنی رباعینڭ مشارکة بین الاثنین اوچنجی بابنڭ اسم فاعلی اولنلق بر میم زیادەسیله

اولور مثلا مُخالفه (خلاف ایتمک) مُخالف (خلاف ایدیجی) مُقاتل (اولدرشیجی یاخود فعل قتالی بر بر ایله ایدن) محارب (غوغا ایدیجی) مُنازع (نزاع ایدیجی) مداخل (کیریجی و یاخود قارشیجی) الخ

ثلاثینک فعل ماضیسی اوزرنه بر الف و بر نون زیاده‌سیله اولان یعنی خماسینک برنجی بابنک اسم فاعلی بر میم زیاده‌سیله اولور مثلا انقطاع (کسلمک) مُنقطع (کسلیجی * کسلان) انضباط (ضبط اولنمق) مُنضبط (ضبط اولنان) انکسار (قیرلمق) مُنکسر (قیرلیجی) وقس علی ذلک

ثلاثی نک ماضیسی اوزرینه بر الف و بر تا علاوه‌سیله اولان خماسی نک ایکنجی اسم فاعلی بر میمک زیاده‌سیله اولور مثلا اِجتماع طوپلانمق مُجتمع طوپلانیجی ارتفاع یوکسکلنمک مُرتفع یوکسکلینیجی اهتباط دوشلمک مُهتبط دوشلیجی احتراق یاقلمق محترق یاقلیجی وقس علی هذا

ثلاثی نک فعل ماضیسی اوزرینه بر تا و عین الفعل جنسندن بر حرف زیاده‌سیله اولان یعنی خماسی نک اوچنجی بابنک اسم فاعل بر میمک علاوه‌سیله اولور مثلا تفکّر کندو کندونه دوشنمک مُتفکر کندو کندونه دوشنیجی تکلّم کندو کندونه سویلمک متکلّم کندو کندونه سو یلیجی تفّهم کندو کندونه اکلامق مُتفهم کندو کندونه اکلایجی تذکّر کندو کندونه اکمق مُتذکر کندو کندونه اکیجی تعجّب کندو کندونه شاشمق مُتعجّب کندو کندونه شاشیجی وقس علی ذلک

ثلاثی نک فعل ماضیسی اوزرینه بر تا و اولکی حرف ایله

ایکنجی حرفک مابیننه بر الف زیاده‌سیله اولان یعنی خماسی نک دردنجی بابنک اسم فاعلی بر میمک علاوه‌سیله اولور مثلا تباعد بربرندن اوزاقلشمق مُتباعد بر برندن اوزاقلشیجی تکاتب بر بریله یازشمق متکاتب بر برینه یازشیجی تجاوب بر بریله جوابلشمق مُتجاوِب بر بریله جوابلشیجی تحابب بربریله سوشمک متحابب بر بریله سوشیجی تخاطب بر بریله سویلشمک مُتخاطِب بر بریله سویلشیجی وقس علی هذا

ثلاثی نک فعل ماضیسی اوزرینه بر الف و برسین و برتانک زیاده‌سیله اولان یعنی سداسی بابنک اسم فاعلی او بر ابواب کبی زیاده اولان الف حذف و یرینه بر میمک زیاده و علاوه‌سیله اولور مثلا

مصدر	اسم فاعلی	
استعلام	مُستعلم	بلمک استیجی
استسال	مستسل	صورمق استیجی
استخبار	مستخبر	خبر المق استیجی
استیجار	مستأجر	کرایه المق استیجی
استفهام	مستفهم	اکلمق استیجی
استمداد	مستمد	یاردم ایتمک استیجی
استکمال	مستکمل	تکمیل ایتمک استیجی
استیفا	مستوفی	بورجنی اوده‌مک استیجی
استقبال	مستقبل	قبول ایتمک استیجی
استخراج	مستخرج	چیقارمق استیجی

اِسْتِنْطاق	مُسْتَنْطِق	سوز استيجى
اِسْتِيعاب	مُسْتَوعِب	قبول ايتمك استيجى

وقس على هذا

رباعى الاصل ايله ثلاثى مزيدفيه اولان افعال اسم فاعل واسم مفعولى قلنمق مراد اولندقده هر بر بابك فعل ماضيسنك اولنه بر ميم اضافه سيله اولور انجق ماضينك الك حرفى حروف علتدن اولور ايسه بو حرفى قالدروب اونه كى كبى ميمك علاوه سيله اوچ اسم حاصل اولور هم اسم فاعل بكسر عين الفعل همده اسم مفعول بفتح عين الفعل و همدخى بونك مثللو اسم مكان و اسم زمان كتابةً و تلفظاً مُترَكِب اولور مثلا

اسم فاعل	اسم مفعول	اسم مكان وزمان
مُكرِم	مُكرَم	مُكرَم
اكرام ايديجى *	اكرام اولنمش *	اكرام ايده جك مكان ياخود زمان
مُستَعلِم	مُستَعلَم	مُستَعلَم
بلمك استيجى *	بلمك استنلمش *	بلمك استيه جك مكان وزمان

و بونك اوزرينه قياس ايله الخ

(اسم مفعول تركيبنده در)

ثلاثى نك فعل ماضيسى اوّلنه بر ميم و ايكنجى حرفله اوچنجى حرفك مابيننه بر واو ضميله اولور مثلا

قتلَ	اولدردى	مقتول	اولدرلمش
ضربَ	اوردى	مضروب	اورلمش
رقمَ	يازدى	مرقوم	يازلمش

رسمَ	رسم ایتدی	مرسوم	رسم اولنمش
نصرَ	یاردم ایتدی	منصور	یاردم اولنمش
قطعَ	کسدی	مقطوع	کسلمش
علمَ	بیلدی	معلوم	بیلنمش
فهمَ	اکلادی	مفهوم	اکلاشلمش
سمعَ	ایشتدی	مسموع	ایشدلمش

وقس علی هذا

ثلاثی نک فعل ماضیسی اوزرینه برالف ضمیله اولان بابک اسم مفعولی اولنلک بر میم زیادهسیله اولور مثلا

انزال	ایندرمک	منزَل	ایندرلمش
اکرام	ایولک ایتمک	مکرَم	ایولک اولنمش
ارسال	کوندرمک	مرسَل	کوندرلمش
احکام	حکم ایتمک	محکَم	حکم اولنمش
اخراج	چیقارمق	مخرَج	چیقارلمش

الی اخره

ثلاثی نک فعل ماضیسی اورته سنلککی اولان حرفک جنسندن بر حرفک زیاده و تشدیدیله اولان بابک اسم مفعولی اولنده بر میم علاوهسیله اولور مثلا

تزیین	زینتلمک	مزیَّن	زینتلنمش
تنویر	نورلتمق	منوَّر	نورلنمش
تعظیم	اولولتمق	معظَّم	اولولدلمش
تکریم	اکرام ایتمک	مکرَّم	اکرام اولنمش
تکدیر	کدرلتمک	مکدَّر	کدرلنمش

تعليم	اوكرتمك	معلّم	اوكردلمش
تبيين	بيان ايتمك	مبيّن	بيان اولنمش
تحويل	حواله ايتمك	محوّل	حواله اولنمش

وقس على هذا

ثلاثى نك فعل ماضيسنك اولكى حرفيله ايكنجى حرفك مابيننك بر الف زياده‌سيله اولان بابك اسم مفعولى اولنك بر ميمك علاوه‌سيله اولور مثلا

محاربه	جنك ايتمك	محارب	جنك ايدلمش
مصاحبه	صحبت ايتمك	مصاحب	صحبت ايدلمش
مجاوبه	جواب ايتمك	مجاوب	جواب ايدلمش

الخ

ثلاثينك فعل ماضيسى اولنه بر الف و ايكنجى حرفك جنسندن بر حرفك زياده و تشديديله اولان بابك اسم مفعولى اولنده بر ميمك زياده‌سيله اولور مثلا

تحمّل	كندوكندونه يوكلنمك	متحمَّل	كندو كندونه يوكلنمش
تفكّر	كندوكندونه دوشنمك	متفكَّر	كندو كندونه دوشنمش
تقرّب	كندوكندونه ياقلاشمق	متقرَّب	كندوكندونه ياقلاشمش
تحرّق	كندوكندونه يانمق	متحرَّق	كندوكندونه يانمش
تحرّك	كندوكندونه قپردانمق	متحرَّك	كندوكندونه قپردانمش

وقس على هذا

ثلاثى نك فعل ماضيسى اوزرينه بر الف و بر نون زياده‌سيله اولان بابك اسم مفعولى اولنده بر ميم زياده‌سيله اولور مثلا

انكسار	قيرلمق	منكسر	قيرلمش

انقطاع	كسلمك	منقطع	كسلمش
انتظار	كوزلمك	منتظر	كوزلنمش
انحراف	دوريلمك	منحرف	دور يلمش
انهدام	يقلمق	منهدم	ييقلمش

وقس على ذلك

شرح قواعدجه بو بابك اسم مفعولى بو شكلده اولور ايسه ده لازم اولان فعللرك اسم مفعولى كلمز چونكه اسم فاعلى اسم مفعول مقامنده قوللانلور

ثلاثى نك فعل ماضيسنك اوزرينه اولكى حرفك اوكنه بر تا واولكى حرفله ايكنجى حرفك مابيننه بر الف زيادهسيله اولان بابك اسم مفعولى اولنك بر ميم علاوهسيله اولور مثلا

تباعد	بر بر يله اوزاقلشمق	متباعد	بر بر يله اوزاقلشمش
تغافل	بر بر يله غفلتده بولنمق	متغافل	بر بر يله غفلتده بولنمش
تهامل	بر بر يله اهماللشمق	متهامل	بر بر يله اهماللشمش

الخ

ثلاثى نك فعل ماضيسنك اولنه بر الف بر سين بر ده تا زيادهسيله اولان بابك اسم مفعولى اولنك بر ميم علاوهسيله اولور مثلا

استحسان	مستحسن	كوزل كورمك استنلمش
استعلام	مستعلم	بلمك استنلمش
استعمال	مستعمل	قوللانلمش
استنصاح	مستنصح	اوكت استنلمش
استنطاق	مستنطق	سوز استنلمش

حاشيه * مزيدفيه اولان فعللرك اسم فاعلندن اسم مفعولى فرق ايتمك ايچون بر (عليه) اسم مفعولك اوكنه علاوه ايتملى مثلا مكرم عليه مستحسن عليه الخ

يازلغمق استنلمش	مُسْتَغْفَر	استغفار
اكرنمك استنلمش	مُسْتَكْرَهٌ	استكراه
خدمتده قوللانمق استنلمش	مُسْتَخْدَم	استخدام
خبرالمق استنلمش	مُسْتَخْبَر	استخبار
مرحمت ايتمك استنلمش	مُسْتَرْحَم	استرحام
عجله ايتمك استنلمش	مُسْتَعْجَل	استعجال

وقس على ذلك

ثلاثى ورباعى و ثلاثئ مزيدفــيه اولان بابلرك اسم
مفعوللرينك معنالرى مستترندن بر شى حاصل و مستخرج
اولديغى اهل صرفه خفى دكلدر

ثلاثى مزيدفيه اولان رباعى نك اسم فاعل و مفعولمرك املا
وترقيمك بر برينه مشابهتى اولمغله تلفظ و تصوتنك فرقلرى بودركه
اسم فاعلده عين الفعلى يعنى اورتهسنك كى حرف كسره (اسره)
اسم مفعولك فتحه (اوستن) اوقونمغله متفرّق و متفهّم اولنور مثلا
مغلن لامك كسريله اسم فاعلدر خبر ويرن معلن لامك فتحيله
اسم مفعولدر خبر ويريلان و كذا خماسى و سداسى نك اسم
فاعل ومفعوللرينك تحرير و تركيب و تصويت وتلفيظلرى
بووجهلهدر كما قد سبق البيان

(اسم زمان و اسم مكان و مصدر ميمى بيانندهدر)
اسم زمان و اسم مكان و مصدر ميمى مطلق ثلاثيدن كلور
مزيدفيهدن استعمال كثيرى يوقدر

بونك تركيبى ثلاثى نك ماضيسى اوله بز ميم علاوه سيله اولور مثلا قتل ايتمك (اولدرمك) مَقتَل (اولدره جك مكان وزمان واولدرمكلك) خروج ايتمك (چيقمق) مَخرَج (چيقه جق مكان وزمان وچيقمقلق) نصر ايتمك (ياردم ايتمك) منصَر (ياردم ايده جك مكان و زمان و ياردم ايتمكلك) قطع ايتمك (كسمك) مقطع (كسه جك مكان و زمان و كسمكلك) دخول ايتمك (كيرمك) مدخل (كيره جك مكان وزمان و كيرمكلك) نظر ايتمك (باقمق) منظر (باقه جق مكان و زمان و باقمقلق) قعود ايتمك (اوطورمق) مقعد (اوطوره جق مكان ياخود زمان و اوطورمقلق) كتب ايتمك (يازمق) مكتب (يازه جق مكان و زمان) ضبط ايتمك مضبط (ضبط ايده جك مكان و زمان) مركز (ديكلان ير) الخ

(اسم جامد و اسم مُشتق بيانندهدر)

اسم جامد اكا تسميه و تعبير ايدرلركه او شى اكا مخصوص اولوب غيره اختصاصيتى اولميه اندر مثلا بحر (دكز) يد (ال) عين (كوز) ارض (ير) سما (كوك) شمس (كونش) قمر (آى) وقس على ذلك

اسم مُشتق اكا تعبير ايدرلركه تصريف اولنان افعالدن و صيغه دن مخرجدر مثلا كاتب (يازيجى) مكتوب (يازلمش) مكتب (يازه جق مكان) كتّاب (مبالغه اياه يازيجى) اكتب (اك يازيجى) كَتَبَة (يازيجيلر) وقس على هذا

(اسم خاص و اسم عام بابندهدر)

اسم خاص مطلق برشيئه تسميه اولنور او اسم غيرى يه خصاصتده

شايسته لكى

شایسته‌لکی یوقدر مثلا ازمیر اسلامبول پارس لوندره بیروت اسکندریه الخ

اسم عام اکا تسمیه ایدرلرکه انده‌کی اولان خاصیت بزغیره تأثیر وخاصیتی واردر مثلا

مدینه (شهر) جمعی	مدن	شهرلر
والی	ولاة	والیلر (ضابط المملکه)
قاضی	قضاة	قاضیلر
امیر	امرا	امیرلر
وکیل	وکلا	وکیللر
وزیر	وزرا	وزیرلر
باب (قپو)	ابواب	قپولر
حصان (آت)	احصنه	آتلر

وقس علی ذلک

(اسم علم واسم جنس تعریفنده‌در)

اسم علم اکا تسمیه اولنور انکله مشتهر و معروفیتی اوله مثلا * زید * عمر * هارون الرشید * ابو النواس * ابو جعفر * الخ

اسم جنس اکا تعبیر ایدرلرکه نه صفت ایله معروف ومعلوم اولور مثلا انسان (آدم) امرأة (قاری) صبی (اوغلان) ولد (اوغل) بنت (قز) سبع (ارسلان) حمار (اشک) جمل (دوه) کلب (کوپک) وقس علی هذا

(اسم منسوب تعریف و بیاننده‌در)

اسم منسوب اکا تعبیر ایدرلرکه برشیئه تعلّق و نسبتی اوله

بو دخی ایکی ترکیب اوزره مترکبدر بریسی اخرنك بر (ی)

نسبت اضافه سیله اولور دیکری ذو و ذی و ذا و صاحب و اهل و آل حروف منسوبیه لریله اولور مثلا

اسلامبولی	استانبوللو	شیطانی	شیطانلو
ازمیری	ازمیرلو	ذو عقل	عقللو
شامی	شاملو	ذو فطانت	فطانتلو
دمشقی	دیکر	ذو فراست	فراستلو
حلبی	حلبلو	ذی روح	جانلو
بغدادی	بغدادلو	ذی قیمت	قیمتلو
مصری	مصرلو	ذی همت	همتلو
پاریسی	پاریسلو	ذی مال	ماللو
انکلیزی	انکلیزلو	ذی اعتبار	اعتبارلو
اسکندری	اسکندریه لو	صاحب العلم	علملو * علم صاحبی
لبنانی	لبنانلو	صاحب الوقار	وقارلو
صباحی	صباحلو	صاحب الجلال	جلاللو
سماوی	کوکلو	صاحب العرفان	عرفانلو
ارضی	یرلو	اهل علم	علملو
بحری	دکزلو	اهل معارف	معارفلو * معرفتلو
بری	قره لو	آل عباس	عباسلو

صاحب المکان — یرلو * مکان صاحبی

آل بیت عثمان — عثمانلو اوینك صاحبی

وقس علی ذلك

اسم تفضیل

* (اسم تفضيل واسم تصغير بياننده در) *

اسم تفضيل اكا تعبير ايدرلر كه اوشيئك كثرة و وفرة وفضيلتنى كوسترر مثلا

حسن	كوزل	احسن	اك كوزل
كبير	بيوك	اكبر	اك بيوك
صغير	كوچك	اصغر	اك كوچك
طويل	اوزون	اطول	اك اوزون
عليم	بليجى	اعلم	اك بيليجى
حقير	الچق	احقر	اك الچق
فضيل	ارتق	افضل	اك ارتق
بسيم	كوزل كوليجى	ابسم	اك كوزل كوليجى
قصير	قصه	اقصر	اك قصه
فهيم	اكلايجى	افهم	اك زياده اكلايجى
بعيد	اوزاق	ابعد	اك اوزاق
قريب	يقين	اقرب	اك يقين
اقرب من الموت		اولمدن اك يقين	
الانتظار اشدّ من النار		كوزلهمك ديديكلرى شى قوت انشدن دها شدتلودر	

وقس على ذلك

اسم تصغير تركى لساننده وزنى تركيبى وجهله قوللانلميوب فقط بر اسمك اخرينه تركى نكك اسم تصغيرى علامتى اولان جق وجك وجغز وجكز لر اضافه سيله قوللانلور مثلا ولد ولدجك اوغلانجق * بحر بحرجق دكزجكز * كتاب كتابجغز

کوچک کتاب * فکر فکیر جکز * بو ترتیب اوزره مستعملدر عربیك دخی بو وجهله کلور مثلا ولیدّ بجیر کتیّب فکیر بو اوزان وترکیب اوزره ایسه‌ده وجه مشروح اوزره استعمال کثیری ترکی قواعدی اوزره‌در

(اسم آلت تعریفنکدر)

اسم آلت ترکیده قلیل المستعمل ایسه‌ده بقیهٔ اوزان ترکیب وتصریفی علی وجه مایلیق تفصیلاً بسط و بیان اولندیغندن اسم آلتک دخی لسان ترکیده قوللانلور بر قاچ کلمه‌سی اولمغله انی دخی بیان ایتمک ایجاب ایلدیکندن ترکیبی بو وجهله‌در

ثلاثی نک مصدری اوزرینه بر میم و ایکنجی حرفله اوچنجی حرفک مابیننه برالف زیاده‌سیله واقع اولمشدر مثلا قرض (کسمک) مقراض (کسه‌جک بر آلت) فتح (اچمق) مفتاح (آچه‌جق برالت که انختار دیمکدر) صبح (ایدینلق و یرمک) مصباح (ایدینلق و یره‌جک برالت) نشر ایتمک (دستره‌لمک) منشار (دستره‌لیه‌جک بر آلت که دستره‌در) ثقب ایتمک (دلکلمک) مثقاب (دله‌جک برآلت‌در) الخ

(نعت بیانندە‌در)

نعت و صفت لفظی مطلق اسامیده اولورکه ایولکنی وفنالغنی وبیوکلکنی وکوچکلکنی وکوزللکنی وچرکینلکنی بیان وکوستره‌جک بر شیدر بو نعت وصفت ترکی قاعده‌سی اوزره لقردیسی مجرّد اولده واقع اولور لکن لسان ترکیك عربی قاعده‌سی اوزره دخی استعمال کثیری واردر مثللری بودر

سلطان عادل	عدالتلو پادشاه
جامع کبیر	بیوک جامع
جوامع کبیره	بیوک جامعلر
عادت قدیمه	اسکی عادت
عواید قدیمه	اسکی عادتلر
محبّت جدیده	یکی دوستلق
عداوة قویه	شدتلو دشمنلق
انسان صالح	ایو انسان
بنت حسنه	کوزل قز
بنات حسنه	کوزل قزلر
فعل قبیح	کوتو ایش
افعال قبیحه	کوتو ایشلر
عبد ضعیف	ضعیف قول
اوصاف جمیله	کوزل خویلر
اخلاق حسنه	کذا
قاعدهٔ حسنه	کوزل اصول
نفقهٔ یومیه	کونده‌یه‌جک
خرقهٔ شریفه	حضرت پیغمبرک مبارک خرقه‌سی
مکّهٔ مکرمه	کعبه
بلدهٔ طیبه	کوزل شهر
مدینهٔ منوّره	مدینهٔ منوره
رسالهٔ حوادث	یکی خبرلر کاغدی
تنظیمات خیریه	خیرلو تنظیمات

حاشیه * نعت هر نقدر صفت دیمک ایسه ده مطلقا بر شیئک شخصک حسناتنی کوسترر یاخود حسناتنده مستعملدر صفت جمیل و قبیح و کثیر و قلیل و کبیر و صغیرده مستعملدر

حاشیه * لسان عربیده بتون جمعلر مونث اولدیغندن صفتلری مونث کلور بو بر قواعد کلیه عربیه‌دندر

تربیهٔ کامله	کامل تربیه
جریدهٔ حوادث	حوادث دفتری
تقویم وقایع	اولان شیلری خلقه بلدرمک ایچون براعلان

وقس علی هذا

عربی قاعدهسی اوزره اسم موصوف مطلق بر کسره ایله اسم صفته و یاخود صفت اسمه اضافه ومنقلب اولور کویا بر (ی) صوتی وارکبی بالادهکوستردیکی وجهله

(مُذکّرو مؤنث تعریفندهدر)

اسم مُذکّر اکا تعبیرایدرلرکه ارککلک انلک اولملیدر اسم مؤنث اکا تعبیر ایدرلرکه دیشیلک انلک اولملیدر مؤنثی مذکردن استثنا ایتمهنک قاعدهسی بودرکه مذکر اولان اسمک اخرینه بر ها علاوه واضافهسیله اولورمثلا کاتب* کاتبه (یازیجی) مقتول* مقتوله (اولدرلمش) و بونک مثللو

مُذکّر	مؤنث	
قاتل (ارکک)	قاتله (دیشی)	اولدریجی
ضارب	ضاربه	اوریجی
مریض	مریضه	خسته
ملک (قرال)	ملکه (قرالیچه)	پادشاه
کبیر	کبیره	بیوک
صغیر	صغیره	کوچک
عمیق	عمیقه	درین
وفیر	وفیره	چوق
ابدی	ابدیه	ابدی
طاهر	طاهره	تمیز* پاک

شرح* ماضی مذکری مونث قیلمق استدکده اخرینه برتا ممدوده یعنی اوزون تا وضعیله اولور مثلا قام مذکر قامت مونث اولور معناسی قالقدی وقس علی ذلک

سبع (اركك ارسلان) سبعه (ديشى ارسلان) ارسلان

حمار (اركك اشك) حماره (ديشى اشك) اشك

مقتل	مقتله	اولدره جك مكان
مضبط	مضبطه	ضبط ايده جك ير
محكم	محكمه	حكم ايده جك ير
مشجر	مشجره	اغاجلر بولنه جق ير * اغاجلق
مشنق	مشنقه	اصه جق ير
مذبح	مذبحه	كسه جك يا بوغازليه جق ير
مطبع	مطبعه	باصه جق ير * بصمه خانه
مقبر	مقبره	كومه جك ير * مزارلق
مدرس	مدرسه	درس ايده جك ير
محفظ	محفظه	حفظ ايده جك ير

وقس على ذلك

شرح ظاهردركه بو مؤنث اسملر اسم مكان كلورلر

بیان اولندیغی افعال و اساسی نک اوزان وامثله‌سیدر

	(ماضی)	*(مضارع)*	*(مصدر)*
	ثلاثی المجرّد (*)		
١ ثلاثی المجرد — وزن	فَعَلَ	یفعَلُ	
موزون	قتلَ	یقتلُ	قتلًا
	اولدردی	اولدرر	اولدرمکلک
	ثلاثی نک اوزرینه بر حرف زیاده اولنان بابلر اوچدر		
٢ ثلاثی مزید فیه — ١ وزن	افعَلَ	یُفعِلُ	افعالًا
موزونی	اکرمَ	یکرم	اکرامًا
	ایولک ایتدی *	ایولک ایدر *	ایولک ایتمکلک
٣ — ٢ وزن	فعّلَ	یفعّلُ	تفعیلًا
موزونی	فرّحَ	یفرّحُ	تفریحًا
	فرحلتدی	فرحلتدرر	فرحلتمقلق
٤ — ٣ وزن	فاعَلَ	یفاعِلُ	مُفاعَلةً وفعالًا
موزونی	قاتلَ	یقاتلُ	مقاتلةً وقتالًا
	اولدرشدی *	اولدرشور *	اولدرشمکلک
	ثلاثینک اوزرینه ایکی حرف زیاده اولنان بابلر بشدر		
٥ — ١ وزن	انفعَلَ	ینفعِلُ	انفعالًا
موزونی	انجمعَ	ینجمعُ	انجماعًا
	طوپلاندی	طوپلانور	طوپلانلمقلق
٦ — ٢ وزن	افتعَلَ	یفتعِلُ	افتعالًا
موزونی	احترقَ	یحترقُ	احتراقًا
	یاقلدی	یاقلور	یاقلمقلق

٨

(*) ثلاثی المجردك التی بابی وار ایسه ده انجق لسان ترکیده اقتضاسی اولمدیغندن ذکرو بنالرینه احتیاج یوقدر

(اسم فاعل)	*(اسم مفعول)*	*(اسم مکان و زمان)*
فاعِلٌ	مَفعولٌ	مَفعَلٌ
قاتل	مقتول	مقتل
اولدریجی	اولدرلمش	اولدره‌جک مکان یاخود زمان
مُفعِلٌ	مُفعَلٌ	مُفعَلٌ
مکرم	مکرم	مکرم
ایولک ایدیجی	ایولک اولنمش	ایولک ایده‌جک مکان وزمان
مُفعِّل	مُفعَّل	مُفعَّل
مفرح	مفرح	مفرح
فرحلندریجی	فرحلندرلمش	فرحلندره‌جق مکان وزمان
مُفاعِل	مُفاعَل	مفاعَل
مقاتل	مقاتل	مقاتل
اولدرشیجی	اولدرشلمش	اولدرشه‌جک مکان و زمان
مُنفَعِل	مُنفَعَل	مُنفَعل
منجمع	منجمع *١	منجمع
طوپلانیجی	طوپلانلمش	طوپلانله‌جق مکان وزمان
مُفتَعِل	مُفتَعَل	مفتَعَل
محترق	محترق	محترق
یاقلیجی	یاقلمش	یاقله‌جق مکان و زمان

*١ البی ایکنجی صحیفه‌ده اولان شرحه نظر و دقت بیوریله

ثلاثی مزید فیه

٧ ٣ وزن اَفْعَلَّ	يَفْعَلُّ	افعلالاً
موزونی احمرّ	يحمرّ	احمراراً
زیاده قزاردی	زیاده قزارر	زیاده قزارمقلق
٨ ٤ وزن تَفَعَّلَ	يتفعّلُ	تفعّلاً
موزونی تعجّب	يتعجّب	تعجّباً
کندوکندونه شاشدی	کندوکونه شاشور	کندو کندونه شاشمق
٩ ٥ وزن تَفَاعَلَ	يتفاعلُ	تفاعُلاً
موزونی تغافل	يتغافل	تغافلاً
غفلتده بولندی	غفلتده بولنور	غفلتده بولنمقلق

ثلاثی نینک اوزرینه اوچ حرف زیاده اولنان که اکا سداسی دیرلر

ایکی باب

١٠ ١ وزن اِستفعَلَ	يستفعِلُ	استفعالاً
موزونی استعمل	يستعمل	استعمالاً
قوللانمق استدی	قوللانمق استر	قوللانمق استمکلک
١١ ٢ وزن (*) افعَوعَلَ	يفعَوعِلُ	افعيعالاً
موزونی اعشوشب	يعشوشب	اعشيشاباً
یرده زیاده اوت بتدی	یرده زیاده اوت بتر	یرده زیاده اوت بتمکلک

رباعی الاصل

ر باعی المجرد که بر بابدر

١٢ وزن فَعْلَلَ	يُفَعْلِلُ	فعللةً و فعلالاً
موزونی دحرج	يدحرج	دحرجةً ودحراجاً
یوارلدی	یوارلار	یوارلمقلق

اسم فاعل

(*) حاشیه ثلاثی نینک اوزرینه اوچ حرف زیاده اولنان که اکا سداسی دیرلر ایکنچی بابی اولوب انیق موزونی پک از حتی عربیده دخی استعمالی پک نادر اولدیغندن بونینک تعریفی اولقدر اقتضا ایتمیوب فقط وزنی موزونی ایله ذکر اولنمشدر

(اسم فاعل)	*(اسم مفعول)*	*(اسم زمان ومكان)*
مُفَعِّلْ	مُفَعَّلْ	مُفَعَّلْ
محمّر	محمّر	محمّر
زیاده قزاریجی	زیاده قزارلمش	زیاده قزاره جق مکان وزمان
مُتَفَعِّلْ	مُتَفَعَّلْ	مُتَفَعَّلْ
متعجّب	متعجّب	متعجّب
کندوکندونه شاشیجی	کندوکندونه شاشمش	شاشه جق مکان وزمان
مُتَفَاعِلْ	مُتَفَاعَلْ	مُتَفَاعَلْ
متغافل	متغافل	متغافل
غفلتده بولنیجی	غفلتده بولنمش	غفلتده بولنه جق مکان وزمان
مُسْتَفْعِلْ	مُسْتَفْعَلْ	مُسْتَفْعَلْ
مستعمل	مستعمل	مستعمل
قوللانمق استیجی	قوللانمق استنلمش	قوللانمق استیه جك مکان وزمان
مُفْعَوْعِلْ	مُفْعَوْعَلْ	مُفْعَوْعَلْ
معشوشب	معشوشب	معشوشب
یرده زیاده اوت بتیجی	یرده زیاده اوت بتمش	زیاده اوت بته جك مکان وزمان
مُفَعْلِلْ	مُفَعْلَلْ	مُفَعْلَلْ
مدحرج	مدحرج	مدحرج
یوارلیجی	یوارلنمش	یوارلیه جق مکان وزمان

رباعی مزید فیه

		(ماضی)	*(مضارع)*	*(مصدر)*
١٣	وزن (١)	تَفَعْلَلَ	يَتَفَعْلَلُ	تَفَعْلُلاً
	موزونی	تدحرج	يتدحرج	تدحرجاً
		يوارلندی	يوارلنور	يوارلنمقلق
١٤	وزن	اَفْعَلَلَّ	يَفْعَلِلُّ	اِفْعِلاْلاً
	موزونی	اقشعرّ	يقشعرّ	اقشعراراً
		زياده قيللاندی	زياده قيللانور	زياده قيللانمقلق
١٥	وزن	افْعَنْلَلَ	يفْعَنْلِلُ	اِفْعِنْلالاً
	موزونی	احرنجم	يحرنجم	احرنجاماً
		هايدادی	هايدار	هايدامقلق

بو مزيد رباعی فعللرك اصلی دحرج وقشعر وحرجم الخ

---

(١) كامل ابواب واوزانی تعريف اولنديغی مثللو مزيدالرباعی بابلرينك ذكر و بيانلری دخی اقتضا ايدر بونلرده ايكی بابدر اولكی باب بو وزندر تَفَعْلَلَ يَتَفَعْلَلُ تَفَعْلُلاً موزونی تزلزلَ يتزلزل تزلزلاً كه بوكا خماسی ديرلر : ايكنجی بابی ايكی وزندركه اكا سداسی ديرلر بالاده ترقيم وتعريف اولنديغی كبيدر والله اعلم

اسم فاعل

(اسم فاعل)	*(اسم مفعول)*	*(اسم مکان وزمان)*
متفعلِل	مُتفعَلَل	متفعلَل
متدحرِج	متدحرَج	متدحرَج
یوارلنیجی	یوارلنمش	یوارلنه‌جق مکان یاخود زمان
مُفعَلِل	مُفعَلَل	مَفعَلَل
مقشعِر	مقشعَر	مقشعَر
زیاده قیلالانیجی	زیاده قیلالانمش	زیاده قیلالانه‌جق مکان زمان
مُفعَنلِل	مُفعَنلَل	مُفعَنلَل
محرنجِم	محرنجَم	محرنجَم
هایدیجی	هایدلنمش	هایدلنه‌جق مکان یاخود زمان

شرح حروف اطباق یعنی ص ض ط ظ بو حرفلردن بر کلمه‌نک اولنده اولور ایسه افتعال بابنده اولان ت ط قلب اولور مثلا صبرٌ * اصطبار (صبر المق) ضربٌ * اضطراب (دوکلمك) طردٌ * اطّراد (قوولمق) ظهرٌ * اظّهار (میدانه چیقارلمق)

بر کلمه‌نک ابتداسی د ذ ز اولور ایسه بو افتعال تاسی دال اولور مثلا دمعٌ * ادماع (کوز یاشی اقدلمق) ذکرٌ * ادّکار (سویلنمك) زجرٌ * ادّجار (سورلمك — نفی اولنمق) ذخرٌ * ادّخار (ذخیره تدارك ایدلمك)

بر کلمه‌نک اوّلی و ی ث اولورایسه افتعال بابنده ت اولور مثلا وقیٌ * اتّقا (قودرلمق) یسرٌ * اتّسار (قولایلنمق) ثغرٌ * اثّغار (غالب اولمق)

فعل سالمدن بشقه غیر سالم اولان افعال التی نوعدر مثال
مضاعف لفیف ناقص مهموز اجوف * مثال اکا دیرلرکه
فعلک اولنده حروف علت اوله مثلا وعد وظ وهم کبی
(سوز ویرمک * نصیحت و اوکت ویرمک * تخییل ایتمک)
*مضاعف اکا دیرلرگه ایکی حرف بر جنسدن اولوب بر برینه
منقلب اولور یعنی حرفک برینی قالدروب تشدید ایله اولور
مثلا مدّ عدّ شدّ ردّ کبی (اوزاتمق * صایمق * چکمک *
کرو ویرمک) * لفیف ایکی درلودر بریسنه لفیف مقرون دیرلر
و برینه لفیف مفروق دیرلر لفیف مقرون اولان فعل ایکی
حرف علت کلمه نک یا اولنلک یا آخرنلک اولور مثلا طویَ نویَ
کبی (دورمک * نیت ایتمک) * لفیف مفروق اکا دیرلرکه
کلمه نک اولنلک بر حرف علت واخرنلک بر حرف علت اولانه
دیرلر مثلا وفیَ وقیَ کبی (ایفا ایتمک * قورومق) ناقص اکا دیرلر
که کلمه نک آخرنلک حرف علت اوله مثلا بقی غزی رضی
نفی کبی (طورمق * جهاد ایتمک * خشنود اولمق * سورمک)
* مهموز اکا دیرلرکه کلمه نک اورته سنلک بر همزه اوله مثلا
سأل نأل فأل کبی (صورمق * آلمق * کندندن بولمق) *
اجوف اکا دیرلرکه کلمه نک اورته سنلک بر حرف علت اوله مثلا
قول خوف کیل سیل کبی در (سوز کسمک * قورقمق *
اولچمک * آقمق)

حروف علت ابتداده اولان اسم فاعل و مفعولك تبدیل اولنماز
درون کتابلک اسم فاعل واسم مفعول قاعدلرنلک تعریف ایدلدیکی
اوزره بلاحذف مستعملدر * مضاعفده اسم فاعل یا ایله کلور مثلا

مدید عدید کبی (اوزون * چوق) اسم مفعولده اصلا تبدیل و تغییر یوقدر * اجوفده اسم فاعلده واو وارایسه ئ اولور اسم مفعولده واو بتون بتون حذف اولور اسم فاعله مثال خائف طائف (قورقاق * طولاشوب زیارت ایدیجی) کبی اسم مفعوله عبرت مخوف مقول مطوف مصون (قورقلو * دینلمش * زیارت اولنمش * صقلانمش) کبیدر

(جمع تعریفی بیانندهدر)

ترکی لساننك علامت جمع بردر (لر) بعض فعلده و جملهٔ اسمده بو علامت جمع استعمال اولنور مثلا ادم (انسان) آدملر (ناس) قاری (امرأة) قاریلر (نسأ * نسوان * نسوة) یازدی (کتبَ) یازدیلر (کتبوا) اولدرر (یقتلُ) اولدررلر (یقتلون) وقس علی هذا

عربی لسانده علامت اسم جمع حدّ لایحصی اولوب کونبا کون جمعلر اولدیغندن آتیده علی وجه الامکان یکان یکان قاعدهلری بیان وتعریف و تمثیل اولنور

اوّلاً ذی روح اولان اسم که جمع مکسری صیغهلرنك بیان اولنمغله اندن معلوم سعادت اولنمشدر جمع مصححی بو قیاس اوزره اولور آخرنك بر واو و بر نونك علاوهسیله اولور مثلا قاتل اولدریجی قاتلون اولدزیجیلر کاتب یازیجی کاتبون یازیجیلر کاذب یلانجی کاذبون یلانجیلر الخ

ثانیا بو وجهله دخی اسم فاعلك جمعی اولورکه ایکنجی حرفی که حرف علت اولوب رفع ومحوایله آخرنك بر الف علاوهسیله مثلا عالم (مفرد) علما (جمع) بیلیجیلر

وزیر	وزرا	وزیرلر
امیر	امرا	امیرلر
صالح	صلحا	ایو آدملر
وکیل	وکلا	وکیللر
مریض	مرضا	دردلولر * خسته لر
غریب	غربا	یبانجیلر
صغیر	صغرا	کوچکلر
ضعیف	ضعفا	قوتسزلر
فقیر	فقرا	فقیرلر
فهیم	فهما	اکلایجیلر
کبیر	کبرا	بیوکلر
شریف	شرفا	جنسلری پاک
فقیه	فقها	شریعته آکاه اولانلر
کریم	کرما	جومردلر
جاهل	جهلا	جاهللر
فاسق	فسقا	زنا ایدیجیلر
شاعر	شعرا	شاعرلر
قاتل	قتلا	اولدریجیلر
عاقل	عقلا	عقللولر
وارث	ورثا	میراث خورلر

٣ * بو دخی بر ترکیب جمعدرکه اسم فاعل الفی حذف ومحوایله اخرینه بر هاء جمع علاوه سیله اولور مثلا

ناصر	نَصَرَة	بر طاقم یاردم ایدیجیلر
کاتِب	کتبة	بر طاقم یازیجیلر

كافر	كفرة	بر طاقم دينسزلر
ظالم	ظلمة	بر طاقم ظلم ايديجيلر
وارث	ورثة	بر طاقم ميراثجيلر
قاتل	قتلة	بر طاقم اولدريجيلر
فاعل	فعلة	بر طاقم ايشلهيجيلر
عامل	عملة	بر طاقم ايش ايدنلر
جاهل	جهلة	بر طاقم جاهللر

كاذب (كذّاب) كذبة بر طاقم يلانجيلر
وقس على هذا

٤ * مؤنث اولهرق كلان اسم فاعللر آخرنك بر الف و بر تا ايله جمع اولور مثلا كاتبة كاتبات (يازيجى قاريلر) مُرضعة مرضعات (سود انالر) جنازه جنازات (جنازهلر)

حسنه	حسنات	كوزللر
صدقه	صدقات	صدقهلر
رشوة	رشوات	رشوتلر
عروه	عروات	ايليكلر
نوبه	نوبات	نوبهلر
بركة	بركات	بوللقلر
ايالة	ايالات	ايالتلر
آلة	الات	آلتلر

٥ * بو الف تا مطلق قاعدهٔ عربله مستعمل علامت جمع مؤنث اولديغندن هرقنغى افعالك ما وراسنك برات اولور ايسه اوفعل جمعدر بو قاعدهيه دقت بيورلمق اوزره بر قاچ امثلهسى اشته

بونلردر مثلا

مكتوب	مكتوبات	يازيلان شيلر
مأكول	مأكولات	ينان شيلر
مشروب	مشروبات	ايچيلان شيلر
ملبوس	ملبوسات	كييلان شيلر
سما	سماوات	كوكلر
التماس	التماسات	رجالر
ارسال	ارسالات	كوندريلان شيلر
تحرير	تحريرات	يازيلان شيلر
نقل	نقليات	دينلان شيلر
حوادث	حوادثات (*۱)	حوادثلر — يكی خبرلر
حساب	حسابات	حسابلر
مفرد	مفردات	تنك تنك اولان شيلر
مشغول	مشغولات	ايشی اولانلر
مُهم	مُهمات	اك لازم ايشلر
اجار	اجارات	كرالر
تمسّك	تمسّكات	تمسكلر

الخ

(*۱) بر كلمه بر تركيبله جمع اولدقدنصكره ديكر قاعدهٔ ايله جمع اولهمز ايسه ده بعض جمع اولان كلمه‌لر واردر ايكی كرّه جمع ايدلمش حالبوكه بو غلط مشهور مستعمل قواعد اصحّدن عند العوام معتبردر بو مقوله جمعلر اشته بونلردر مثلا حوادث حوادثات افكار افكارات لوازم لوازمات وقس على ذلك

بعض فعللر واردر اوزان جهتندن فعل ایسه‌ده اسم یرنده قوللانلمشدر مثلا تمسّک تفعّل بابندن کلور ایسه‌ده اسم مقامنده استعمال اولنمشدر

۶* علامت جمع اسامی کونا کون اولوب ذیلده علامت و قاعده ومثاللری کوسترلدکندن معلوم اوله بر اسمده اوّلنده بر الف وعین الفعلیله لام الفعلنک مابیننده بر الف ضمّ وعلاوه‌سیله اولور ودخی ینه بر دیکر قاعده اوزره اولور که عین الفعلیله لام الفعلنک مابیننده بر واوک زیاده‌سیله اولور مثلا

فکر جمعی افکار		فکرلر
بحر	ابحار* بحور	دکزلر
حجر	احجار	طاشلر
شجر	اشجار	اغاجلر
ثمر	اثمار	میوه‌لر
ثوب	اثواب	اثوابلر
طفل	اطفال	کوچک چوجقلر
کتف	اکتاف	اوموزلر
عنق	اعناق	بوغازلر
بئر	ابیار	قیولر
سنّ	اسنان	دیشلر
قمر	اقمار	آیلر
مطر	امطار	یغمورلر
خبر	اخبار	خبرلر
ملک	املاک	ملکلر

یوم	ایام	کونلر
شخص	اشخاص	کشیلر
وقت	اوقات	وقتلر
صنف	اصناف	صنفلر
حمل	احمال	یوکلر
حیّ	احیا	دیریلر
اثر	اثار	نشانه‌لر
رزق	ارزاق	ییه‌جک شیلر * مالّر
حال	احوال	حاللر
مال	اموال	ماللر
وقف	اوقاف	وقفلر
ثمن	اثمان	شیلرک اقچه‌سی * بهالر
قلم	اقلام	قلملر
رقم	ارقام	یازیلر
عدد	اعداد	صاییلر
مرض	امراض	خسته‌لقلر
طرف	اطراف	یانلر
باب	ابواب	قپولر
عظم	اعظام	کمیکلر
نوع	انواع	درلو درلو
جنس	اجناس	جنسلر

*٧

وحش	وحوش	اورککلر

سيف	سيوف	قلجلر
حقل	حقول	تارلەلر
عقل	عقول	عقللر
رسم	رسوم	عادتلر
قيد	قيود	قيدلر
كرم	كروم	باغلر
عجل	عجول	بوزاغيلر
سنه	سنون * سنين	ييللر
جلد	جلود	دريلر
فنّ	فنون	فنّلر
علم	علوم	علملر
نجم	نجوم * انجم	يلدزلر
بيت	بيوت	آولر
اسد	اسود	ارسلانلر
نفس	نفوس	جانلر
حدّ	حدود	سينورلر
رأس	رؤس	باشلر
ملك	ملوك	پادشاهلر
طير	طيور	قوشلر
لحد	لحود	لحدلر
عرش	عروش	عروشلر
نقد	نقود	حاضر پارەلر
صحن	صحون	طبقلر

صدر	صدور	كوكسلر
قرد	قرود	قورتلر
شهر	شهور واشهر	آيلر
شيخ	شيوخ	شيخلر
نهر	نهور وانهار	چايلر

٨ * بو نحى بر قاعدة جمعدر كه عين الفعل ايله لام الفعلك مابيننده يالكز بر الف زيادەسيله جمع اولور مثلا

رقبه	رقاب	بوينلر
قلعه	قلاع	قلعەلر
بقعه	بقاع	طورەجق يرلر
طبقه	طباق	قاتلر

٩ * بو نحى بر تركيب جمعدركه فقط آخرنلكى اولان هاء مؤنثى حذفله جمع اولور مثلا

قرعه	قرع	قرعەلر
جزره	جزر	هاوچلر
بقعه	بقع	بياغى يرلر
خرقه	خرق	خرقەلر
بيضه	بيض	يمورطەلر
بصله	بصل	صوغانلر
نحله	نحل	آريلر
نخله	نخل	خورمه اغاجلرى
سهله	سهل	اووالر
بقره	بقر	اوكوزلر

١٠* بو دخی بر قاعدهٔ جمعدرکه فأ الفعل ایله عین الفعلک مابیننده بر الف و آخرنك بر یانک اضافه سیله جمع اولور مثلا

ارض	اراضی	یرلر
اهل	اهالی	یرلولر
لیل	لیالی	کیجه لر
ید	ایادی	اللر

١١* بو دخی بر قاعلهٔ جمعدرکه آخرنك اولان هأ مؤنثی رفع ومحوایله ایکنجی حرفک مابیننده بر الفک زیاده سیله جمع اولور مثلا

جزیره	جزایر	جزیره لر * اطه لر
بهیمه	بهایم	غیروحش حیوانلر
ولیمه	ولایم	دوکونلر
عزیمه	عزایم	دعوتلر
اریکه	ارایک	تختلر
ذخیره	ذخایر	ذخیره لر
عجیبه	عجایب	شاشیله جق شیلر
سفینه	سفاین	کمیلر
کنیسه	کنایس	کلیسه لر

١٢* بو دخی بر قاعدهٔ جمعدرکه اولکی حرف ضم ایله قرائت وقصور حرفله جزم اولنه رق جمع اولور مثلا

کتاب	کتب	کتابلر
طریق	طرق	یوللر
رسول	رسل	پیغمبرلر

۱۳* بو دخی بر قاعدهٔ جمعدرکه آخرنك بر الف و بر نون زیاده سیله اولور مثلا

خیط	خیطان	ایپلکلر
حایط	حیطان	دیوارلر

۱۴* بو دخی بر ترکیب جمعدرکه فعلنك اوّلنده بر الف و اخرنك بر ها اضافه‌سیله اولور مثلا

مثل	امثله	مثللر
قماش	اقمشه	قماشلر
لباس	البسه	روبالر
حصان	احصنه	آتلر
دوا	ادویه	علاجلر

۱۵* بو دخی بر ترکیب جمعدرکه فعلك عین الفعلیله لام الفعلك مابیننك برعلامت جمع اولان الف علاوه‌سیله اولور مثلا

بلد	بلاد * بلدان	مملکتلر
عبد	عباد * عبید	قوللر
بغل	بغال	قاطرلر
کبیر	کبار	بیوکلر
صغیر	صغار	کوچکلر
عظیم	عظام	اولولر
کریم	کرام	ایولك ایدیجیلر
فخیم	فخام	اغرکوکللولر
رجل	رجال	آدملر
جبل	جبال	طاغلر

١٦ * بو دخی بر ترکیب جمعدرکه ایکنجی حرفنک اوکنک بر الف اضافه وهاٴ اسقاط و حذف ایله آخرنک دخی برالفک زیاده‌سیله اولور مثلا

خطیه	خطایا	کناهلر
عطیه	عطایا	ویرکولر * بخششلر
بلیه	بلایا	بلالر
هدیه	هدایا	هدیه‌لر

١٧ * بو دخی بر ترکیب جمعدرکه کلمه‌نک آخرنک بر یا و بر نون علاوه‌سیله اولور مثلا

عالم	عالمین	عالملر
صالح	صالحین	صالحلر
مسلم	مسلمین	مسلمانلر
مؤلف	مؤلفین	مؤلفلر
مُصنّف	مصنّفین	کتاب وشی یاپانلر
مبدع	مبدعین	یکیدن یاپیجیلر
مُعلّم	معلمین	اوکردیجیلر

١٨ * بو دخی بر ترکیب جمعدرکه کلمه‌نک اولنک بر الف و ایکنجی حرفله اوچنجی حرفنک مابیننک اولان یا محو و اسقاطیله اولور مثلا

صدیق	اصدقا	دوستلر
حبیب	احبّا	سوکلولر
قریب	اقربا	خصملر

غنى	اغنيا	زنكينلر
نبى	انبيا	پيغمبرلر
شقى	اشقيا	خرسزلر
نقى	انقيا	پاكلر
تقى	اتقيا	عبادتكارلر

١٩ * بودخى بر تركيب جمعدركه اسم تفضيلدن كلور كلمه نڭ عين الفعلنده بر الف زيادهسيله اولور

احسن	احاسن	اڭ كوزللر
اكبر	اكابر	اڭ بيوكلر
اصغر	اصاغر	اڭ كوچكلر
اعظم	اعاظم	اڭ اولولر
افخم	افاخم	اڭ آغر كوكلولر
اسعد	اساعد	اڭ مباركلر وموتلولر
اقرب	اقارب	اڭ يقين خصملر

و بونڭ مثللو اصبع اصابع پارمقلر الخ

٢٠ * بودخى بر تركيب جمعدركه اسم فاعلدن كلور فا الفعل ايله عين الفعلك مابيننه بر واو وبر الف زيادهسيله اولور مثلا

لازم	لوازم	لازم اولان شيلر
لاحق	لواحق	يتشك اولان شيلر
جانب	جوانب	طرفلر
كوكب	كواكب	يلدزلر
جامع	جوامع	جامعلر

عامل

عامل	عوامل	ایشله‌یجیلر
صاعقه	صواعق	یلدرملر
حادث	حوادث	یکیدن اولان شیلر
باعث	بواعث	سببلر
باقی	بواقی	قالان شیلر
ساقیه	سواقی	ساقیه‌لر
طائفه	طوائف	طائفه‌لر
فائده	فوائد	فائده‌لر
قائمه	قوائم	قائمه‌لر
قاعده	قواعد	قاعده‌لر

١٤* بو دخی بر ترکیب جمعدرکه ایکنجی حرف ایله اوچنجی حرفک مابیننه بر الف واوچنجی حرفک اوکنه بر یانک زیاده‌سیله اولور مثلا

جاموس	جوامیس	صوصغرلری
ناموس	نوامیس	ناموسلر
مفهوم	مفاهیم	معنالر
مضمون	مضامین	معنالر
مملوک	ممالیک	مملوکلر
مجنون	مجانین	دلیلر
مکتوب	مکاتیب	مکتوبلر
ناقوس	نواقیس	چاکلر

١٥* بر کلمه‌نک عین الفعلی الف ایله معتل اولدقده الف مزبوره یایه قلب اولنور اخرنه ان علاوه‌سیله جمع اولور مثلا

نار	نیران	آتشلر
جار	جیران	قونشولر * قومشولر
تاج	تیجان	تاجلر

٢٣ * اسم مکاندن کلور بو قاعدهٔ جمعدرکه ایکنجی حرفک اوکنه یعنی فاْ الفعل عین الفعل اراسنده بر الف زیاده سیله اولور مثلا

مجلس	مجالس	اوتوره جق یرلر
مخزن	مخازن	مغازه لر
مسقط	مساقط	دوشه جک یرلر
مسعط	مساعط	انفیه قوطیلری
مجری	مجاری	آقه جق یرلر
مکتب	مکاتب	مکتبلر
مقعد	مقاعد	اوطوره جق یرلر
مسکن	مساکن	کذا
معجن	معاجن	خمور تکنه لری
معلف	معالف	یملکلر
مدخل	مداخل	گیره جک یرلر
مقطع	مقاطع	کسه جک یرلر
مربط	مرابط	بغلایه جق یرلر
مطبخ	مطابخ	پیشوره جک یرلر
معدن	معادن	معدنلر
مطرح	مطارح	محللر
معبد	معابد	عبادت ایده جک یرلر
محفل	محافل	مجلسلر

مونث

٢٤* مؤنث اولەرق اسم مكان واسم زماندن كلور ايكنجى حرفك اوكنه بر الف علاوەسيله وآخرنده كى اولان هاء مؤنثى محو وحذف ايله جمع اولور مثلا

مملكه	ممالك	مملكتلر
مزبله	مزابل	سپورنتيلكلر
مروحه	مراوح	يلپازەلر
مقلمه	مقالم	قلملكلر
محفظه	محافظ	حفظ ايدەجك يرلر
مقبره	مقابر	مزارلر
مشنقه	مشانق	آصەجق يرلر
مشعله	مشاعل	ايدينلق ويرەجك يرلر
مشجره	مشاجر	اغاجلقلر
مبخره	مباخر	بخوردانلر
مرمله	مرامل	ريكدانلر

٢٥* بو دخى بر تركيب جمعدركه فعل مشتقدن مأخوذ اولميوب آيريجه باشلى باشنه اسم اولوب شاذ اولەرق كلمشدركه ايكنجى حرفك اوكنه بر الف وآخرنده كى هاء مؤنث محو ولغو ايله جمع اولور مثلا

تذكره	تذاكر	تذكرەلر
تهلكه	تهالك	تهلكەلر
قنطره	قناطر	كمرلر
طنجره	طناجر	طنجرەلر
خندق	خنادق	خندقلر

رساله	رسائل	مکتوبلر وکوچک کتابلر
محرمه	محارم	محرمه‌لر

۲۶ * اسم آلتنک ترکیب جمعی بو وجهله اولورکه اولکی حرفنک اوکنده برالف وعین الفعل ایله لام الفعل مابیننک بریا زیاده‌سیله اولور مثلا

مفتاح	مفاتیح	آنختارلر
مصباح	مصابیح	یاقه‌جق فتیللر
منشار	مناشیر	دستره‌لر

۲۷ * بو دخی بر ترکیب جمعدرکه فعلدن مشتق اولمیوب کندولکننک ذاتاً اسمیت معناسی موجود اولوب ایکنجی حرفنک اوکنده برالف وردنجی حرفی یایه تبدیلیله اولور مثلا

سلطان	سلاطین	پادشاهلر
اکلیل	اکالیل	تاجلر
اقلیم	اقالیم	اقلیملر
قندیل	قنادیل	قندیللر
برمیل	برامیل	واریللر
مندیل	منادیل	مندیللر
خنزیر	خنازیر	طموزلر
عصفور	عصافیر	قوشلر
شیطان	شیاطین	شیطانلر

حروف الجرّ بيانـــــنده‌در

لسان عربدن تركی لساننك مستعمل اولان حروف الجرّ وحروف الاضافه بونلردر

من * الی * عن * علی * فی * ب * بلا * ت * ل * لاجل * لدی * حسب * حین * فوق * عند * كما * بین * تحت * مع * قبل * بعد * ما * مبنی ـ بناً * متعاقب * فیما * منذ * قطع *

(من) دن از

من القدیم	اسكیدن
من الاول	اولدن
من عندالله	اللهك طرفندن
من القلب	از دل وجان
من لطف المولی	از لطف خدا
من غیر حدّ	حدسزدن
من غیر مأمول	اومليان

(الی) قدر ـ دك ـ تا

الی هذا الان	بو وقته قدر
الی زماننا	وقتمزه قدر
الی الاخر	صوكه قدر
الی هذه الساعة	بو ساعته‌دك
الی یوم القیامة	قیامت كوننه قدر
الی اخر العمر	عمرك صوكنه قدر
الی الان	شمدی یه‌دك
الی اخره	صوكنه‌قدر

* (عن) * دن

عن صميم القلب	يوركك ايچندن
عن قريب	يقيندن
عن قريب الزمان	يقين وقتده
عن ذمة والديه	انا و باباسنك ذمتندن
عن صميم البال	درون يوركدن

* (على) * اوزره

على الخصوص	بو خصوص اوزره
على وجه الصحه	صحيح اوزره
على وجه الاستعجال	عجله اوزره
على رحمة الله	اللهك رحمتى اوزره
على وجه مايليق	مناسب اولديغى اوزره
على كل حال	هر بر حالك اوزره
على الصباح	صباحدن * اركندن
على مراتبهم	رتبه‌لرى اوزره
على مافرض الله	اللهك كسديكى اوزره

الهدايا على مقدار مهديها * هديه‌لر ويرن اولانك قدرينه كوره در

* (فى) * ده

فى الواقع	واقعا
فى الحقيقه	حقيقتده * كرچكده
فى الحال	حالا * آنيده
فى الجمله	جمله‌ده
فى سبيل الله	اللهك يولنا

في زماننا	وقتمزده
في الاوّل	اولده
في السابق	كچنلرده
كتاب في الفلسفه	فلسفه يه دائر كتاب
كتاب الروضة الزهيّة في اللغتين العربيّة والتركيّة	عربى و تركى اسانلرنك روضة الزهيّه نام كتاب

(ب) ايله

بارادة الله تعالى	اللهك امرى ايله
باذن الله	اللهك اذنى ايله
بامر الله	اللهك امريله
بحق الله ٭ بحق خدا	اللهك حقى ايچون
بمنّه تعالى	اللهك عونى ايله
بالعزّ والاقبال	عزّت واقبال ايله
بعون الله تعالى	اللهك ياردميله
بالفرض	فرضله
بالله	الله حقى ايچون
بالتجربه	صنايه رق
بالاتفاق	سوز برلكيله
بارادهٔ سنيهٔ شاهانه	پادشاهك عالى استكيله
باحترام	احترام ايله
بسند	سندايله
بابرات شريفه	برات شريفه ايله
بغيرحق	حقسزايله

بلافائض	کذشته‌سز	
* (بلا) *	سز	بی
بلا ارتیاب	شبهه‌سز	بی اشتباه
بلاموجب	سببسز	بی سبب
بلاتفکر	دوشنمکسز	بی تفکر
بلا اذن	اذنسز	بی اذن
لا نقصان	اکسکسز	بی نقصان
بلا مانع	انکلسز	بی مانع
بلا تأخیر	تأخیرسز	بی تأخیر

العلم بلاعمل کالشجر بلاثمر *عملسزعلم میوه‌سزاغاج کبیدر

* (ت) *

تالله	آلله حقی ایچون
تالرحمن	رحمن حقی ایچون

* (ل — لاجل) * ایچون

لمصلحة	مصلحة ایچون
لاجل الافادة	افاده ایچون
لاجل المطالعه	دوشنوب چیقارمق ایچون
لاجل البیع	صاتمق ایچون
لاجل الاشترا	صاتون المق ایچون
لاجل المشورة	مشورة ایتمک ایچون
لاجل الاخذ	آلمق ایچون
لاجل الاعطا	ویرمک ایچون

٭(لدى)٭   آنك

اولاشديغى آنك	لدى الوصول
دوشنلديكى آنده	لدى المذاكره
كورلديكى آنده	لدى المشاهده
صورلديغى آنده	لدى الاستنطاق
كلديكى آنده	لدى الورود

٭(حسب)٭   كوره

قدرتنه كوره	حسب الاقتدار
ممكن اولديغنه كوره	حسب الامكان
ايش اولديغنه كوره	حسب المشغوليه
طاقته كوره	حسب الطاقه
اوملديغنه كوره	حسب المأمول
مأموريت حسبيله	حسب المأموريه
طاپنديغنه كوره	حسب العبوديه
اقتضاسنجه	حسب الواجب

٭(حين)٭   وقتنده

كلديكى وقتنده	حين ورودنده
كتديكى وقتنده	حين عزيمتنده
كرو دونديكنده	حين عودتنك
قاوشلديغى وقتنده	حين ملاقاتنده
سلام وقتى	حين السلام

٭(فوق)٭   ديشارو   زياده

| حددن ديشارو | فوق الغايه |

فوق العاده	عادتدن دیشارو
فوق التراب	طپراغك اوستنده

﴾ عند ﴿ یان نزد

عندكزده	یانكزده
عندالله	اللهك یاننده
عندالناس	آدملر یاننده

﴾ کما ﴿ كبی

کمافی السابق	كچن كبی
کما فی الاول	اولكی كبی
کما یجب	اقتضاسی كبی
کما ینبغی	واجبی كبی
كالشمس	كونش كبی
کما کان	اولدیغی كبی

﴾ بین ﴿ ارا

بین الناس	خلق آراسنده
بین الدول	دولتلر آراسنده
بین الاقران	اقرانلر مابیننده

﴾ تحت ﴿ آلت زیر

تحت الظّل	كولكه آلتنده
تحت الجناح	قناد آلتنده
تحت حكومته	زیر حكومتنده

﴾ مع ﴿ ایله — له

مع هذا	شونكله برابر

مع

مع الغير	بشقەسيله برابر
مع الفائض	كذشتەسياه برابر
مع توفيق الله	اللهك ياردميله برابر

❊(قبل)❊ اوّل

قبل العزيمه	كيتمزدن اول
قبل الدخول	كيرمزدن اول
قبل الطعام	يمكدن اول
الطعام قبل الكلام	طعام كلامدن اول

❊(بعد)❊ صكره

بعد السلام	سلامدن صكره
بعد الوداع	وداعدنصكره

❊(ما)❊

ماقبل	اندن اول
مابعد	اندنصكره
ماعدا	اندن بشقه
مادام العالم	دنيا دوردقجه

❊(مبنى — بنا)❊

مبنى عليه❊ بناً عليه	بونك اوزرينه

❊(متعاقب)❊

متعاقب الزمان	زمانك ارقەسنده
متعاقب الادوار	دورلرك ارقەسنده
متعاقب علم النحو	علم نحوك ارقەسنك

❊(فيما)❊

فيما بعد	بوندنصكره

فيما مضى	كچنلرده

(منذ) برو

منذ الصباوه	كنجلكدنبرو
منذ الطفوليه	چوجقلدنبرو
منذ القديم	اسكيدنبرو

(قطع)

قطع نظر	باقميه‌رق
قطع رجا	اميدكسمك
قطع معاش	معاش كسمك

(هفته كونلرينڭ آدلری)

	(عربی)	(تركی)
يوم	الاحد	بازار كونی
	الاثنين	بازار ايرتسی
	الثلثا	صالی
	الاربعا	چهارشنبه
	الخميس	پنجشنبه
	الجمعه	جمعه
	السبت	جمعه ايرتسی

(آيلرڭ اسملری)

اشهر روميه او شمسيه	اشهر عربيه اوقمريه
١ كانون ثانی (افتتاح السنه)	١ محرم (ييل باشی) م

شباط

٢	شباط	٢	صفر	ص
٣	مارت * اذار	٣	ربيع الاول	را
٤	نيسان	٤	ربيع الاخر	ر
٥	ايار	٥	جماذ الاول	جا
٦	حزيران	٦	جماذ الاخر	جَ
٧	تموز	٧	رجب	ب
٨	اغستوس * اب	٨	شعبان	ش
٩	ايلول	٩	رمضان	ن
١٠	تشرين اوّل	١٠	شوال	ل
١١	تشرين ثانى	١١	ذى القعده	ذا
١٢	كانون اوّل	١٢	ذى الحجه	ذ

﴿ تصريف اسامى عربى و تركى ﴾

	مفرد		جمع	
مجرد	البيت	او	البيوت	اولر
مضاف اليه	للبيت	اوك	للبيوت	اولوك
مفعول اليه	الى البيت	اوه	الى البيوت	اولره
مكان كائنى	فى البيت	اوده	فى البيوت	اولرده
مفعول به	البيت	اوى	البيوت	اولرى
مفعول منه	من البيت	اودن	من البيوت	اولردن
منادى	يا بيت	اى او	يا بيوت	اى اولر

ديكر

بستان	باغچه	بساتين	باغچه لر

للبستان	باغچه نك	للبساتين	باغچه لرك
الى البستان	باغچه يه	الى البساتين	باغچه لره
فى البستان	باغچه ده	فى البساتين	باغچه لرده
البستان	باغچه يى	البساتين	باغچه لرى
من البستان	باغچه دن	من البساتين	باغچه لردن
يا بستان	اى باغچه	يا بساتين	اى باغچه لر

(تركيب مثاللرى)

جاء الرجل — آو ادم كلدى

جآء يوسف الحلبى الساعاتى — حلبلو ساعتجى يوسف كلدى

هذه الساعة لاخى — بو ساعت بنم قرنداشمكدر

ارسلتُ علمًا الى القاضى — قاضى يه خبر كوندردم

لماذا بعثَ الحمار — نيچون اشكى صاتدك

لقد قتلوا السارق — خرسزى اولدرديلر

ماذا ترجون من المنازعة — منازعه دن نه قزانرسكز

ياولد تعال لهنا — اوغلان كل بورايه

افتح الباب باكرامك لى يافتّاح * ايولككله بكا آچ قپويى اى آچيجى

الصرف امّ العلوم والنحو ابوها * صرف علملرك اناسى ونحو انلرك باباسيدر

وقس على ذلك

باب ثالث

(لسان فارسی اوزره بعض قواعد مفیده بابنده‌در)

عربی نک ترکیده مستعمل اولان قاعده‌لری حسب المقدره تعریف و ایضاح اولندیغندن فارسیدن دخی زبان ترکیده مستعمل اولان بر قاچ قاعده‌لرک بیانه حسب الاستطاعه مبادرت اولنمشدر

(عربی و ترکی و فارسی لسانلرنده ضمائر بیاننده‌در)

نفس متکلم	انا	بن	مِنْ	نحن	بز	ما
مخاطب	انت	سن	تُو	انتم	سز	شُما
غائب	هو	او	اُو	هم	انلر	ایشان

(انتما) سز ایکیکز مذکر یاخود مؤنث تثنیه مخاطب

(انتنّ) سز قاریلر جمع مؤنث مخاطب

(هی) او مؤنث بر قاری مفرد مؤنث غائب

(هما) انلر ایکیسی مذکر یاخود مؤنث ایکی جنسک تثنیه‌سی غائب

(هنّ) انلر دیشیلر جمع مؤنث غائب

(ضمائر متصله)

(ع)	ی	ک	ه	(ها — هما)	نا	کم	هم	(هنّ)
(ت)	م	ک	ی	(سی)	مز	کز	لری	
(ف)	من	تو	او		ما	شما	ایشان	

﴿ ضمائر متصله نڭ امثله‌سی ﴾

(فارسی)	(تركی)	(عربی)
سرمن	باشم	راسی
پدرتو	پدرڭ	ابوك
كتاب او * كتابش	كتابی	كتابه
خانهٔ ایشان (تثنیه)	اولری	بیتهما
نان ما	اكمكمز	خبزنا
انگبین شُما	بالڭز	عسلكم
كلك ایشان	قلملری	قلمهم
مادر او * مادرش (مؤنث)	والده‌سی	والدتها
نامهٔ ایشان (جمع مؤنث)	مكتوبلری	مكتوبهنّ

﴿ تركیب امثله‌سی ﴾

سیب مصطفی	مصطفی نڭ الماسی	تفاحة مصطفی
درخانه	اوڭ قپوسی	باب البیت
بستان شاه	پادشاهڭ باغچه‌سی	بستان الملك
بستانها شاهان	پادشاهلرڭ باغچه‌لری	بساتین الملوك
كتاب زید	زیدڭ كتابی	كتاب زید
كتاب زیدها	زیدلرڭ كتابی	كتاب الزیود

﴿ تصریف اسامی فارسیه ﴾

جمع		مفرد		
گلها	گلها	گل	گل	مبتدا
گللرڭ	گلها	گلڭ	گل	اضافه

گلرا

مفعول الیه	کلرا	کله	کلهارا	کللره
مفعول به	کلرا	کلی	کلهارا	کللری
مفعول منه	ازکل	کلدن	ازکلها	کللردن
مکان کائنی	درکل	کلده	درکلها	کللرده
منادی	ای کل	ای کل	ای کلها	ای کللر

دیکر

بلبل	بلبل	بلبلان	بلبللر
بلبل	بلبلک	بلبلان	بلبللرک
بلبلرا	بلبله	بلبلانرا	بلبللره
بلبلرا	بلبلی	بلبلانرا	بلبللری
از بلبل	بلبلدن	از بلبلان	بلبللردن
در بلبل	بلبلده	در بلبلان	بلبللرده
ای بلبل	ای بلبل	ای بلبلان	ای بلبللر

شرح* عربی لساننده اولان لام التعریف ترکی لساننده دخی بعض یرلرده مستعملدر مثلا مارالبیان (بیانی کچمش)* مذکور المقدار (مقداری دینلمش) *آتی الذکر (ذکری کله‌جک)* فی الحال (حالده * چابچق)* علی الدوام (دائم اوزره)* علی التوالی (بر صره‌ده)* علی الخصوص (خصوص اوزره)* علی السویه (بر دوزیه)* علی الغفله (انسز)* علی الاجمال (جمله اوزره)* علی قدر الامکان (ممکن اولدیغی قدر)* الخ

فارسی زبانندن اولوب ترکی لساننده مستعمل اولان حروف جر بونلردر از در ب مثلا ازغیر تسلیم (تسلیمدن بشقه)* ازجمله (جمله‌دن)* بعد ازین (بوندن صکره)* درحال (حالده)*

حاشیه * لسان ترکی ایله زبان فارسیده مؤنث و مذکر بر علامت یوقدر الا جنس واحد فقط اما عربیده هم مذکر هم مؤنث و همده‌خی تثنیه واردر و بولغنده هر جمع مؤنثدر

درعقب (صوکنده)* ازقضا (قضادن) * درخاطر (خاطرده)*
درازمیر(ازمیرده)* درپیش (اوکده) * دربیان احوال ماضیه
(کچمش حاللرک بیانلک) * بحق خدا (تکری حقی ایچون)*
سال بسال (ییل ییل)* کونه بکونه (درلو درلو) * کاه بکاه (وقت
وقت)* از استانبول تاپارس رفتم (استانبولدن پارسه قدر
کیتدم) * الخ

لسان فارسیده حرف اضافه اولمیوب فقط عربی قاعده سی
اوزره اسم موصوف اوّلنده اوله رق اولور مثلا پادشاه اسلام دیمک
که اسلامک پادشاهی* در سعادت (سعادتک قپوسی* استانبول)
دار بقا (باقی او) * والیٔ ازمیر (ازمیرک والیسی) * معاونت
عساکر فرانسه (فرانسه عسکرلرینک یاردمی) * دست یاریٔ
لشکر انکلیز (انکلیز عسکرینک یاردمی)* اتفاق دولت علیه
و فرانسه وانکلتره (عثمانلو دولتنک و فرانسه وانکلتره دولتلرینک
اتفاقی) عساکر برّیه (قره عسکرلری.) * عساکر فرانسه
و دونمای انکلیز (فرانسه نک عسکرلری و انکلیزک دونناسی)
* اتحاد دول ثلثه باعث ابادان جهان اولدی (اوچ
دولتک برلکی دنیانک معمور اولمسنه سبب اولدی) *
اتفاق دول ثلثه باعث مظفریت اولدی (اوچ دولتک اتفاقی
غالبیته سبب اولدی) * فرمان پادشاهی صادر اولدی
(پادشاهک فرمانی چیقدی) * امید صلح وصلاح قالمدی
(بارشغک امیدی قالمدی)* داخل لیمان ازمیر اولدی (ازمیرک
لیمانته کیردی)* ارتحال دار بقا ایتمشدر (ابدی اوه کوچمشدر)*
تقدیم خاکپای دولتلری قلنمشدر (دولتلو ایاغنک طپراغنه

و یرلمشدر

و يرلشدر ياخود كوندرلمشدر) * درسلستره محصور عساكر اسلاميه مستحق مكافات شاهانه اولديلر (سلستره ده قپانمش اسلام عسكرى پادشاهك مكافاتنه لائق اولديلر) * ازمرساى مارسيليا فلك لنكر اقامت و بادبان كشاى حركت وعزيمت و بدرعليه بالسلامه مواصلت كرد (مرسيليا ليماننده تيمور آلوب و يلكن آچه رق قالقوب و كيدوب استانبوله سلامتله يتشدى) *

وقس على ذلك

* (مصدر تعريفنده در) *

لسان تركيده علامت مصدر ايكى اولوب يعنى (مق) و (مك) ايله تصريف افعال اولديغى مثللو فارسيده دخى اشارت مصدر ايكيدر مثلا برى (تن) برى (دن) و بو مصادره مصدر تائى ومصدر دالى تسميه ايدرلر علامتين مذكورتينك تمام المصادرى بونلردر

فروختن	صاتمق	بيع
افروختن	ياقمق	حرق * تشعيل
نوشتن	يازمق	كتابة
كرفتن	طوتمق	قبض * اخذ * مسك
كفتن	ديمك	قول
شكستن	قيرمق	كسر
دانستن	بلمك	معرفة
آراستن	دوناتمق	تزيين
كماشتن	اصمرلمق	حواله

خواستن	استمك	طلب * ارادة
انگیختن	قوپارمق	قطف
آموختن	اوكرتمك	تعليم
باختن	پشورمك	طبخ
پذیرفتن	قبول ایتمك	قبول
بستن	بغلامق	ربط
کشتن	اولدرمك	قتل
رفتن	كيتمك	ذهاب * رواح
نشستن	اوطورمق	جلوس
گریختن	قاچمق	هرب * نزح * فرار
رستن	خلاص اولمق	خلاص
برخاستن	قالقمق	قيام * نهض
تراختن	عجله ایتمك	عجلة
انداختن	آتمق	رمی
شناختن	طانیمق	معرفة
توانستن	قادر اولمق	قدرة
تاختن	قوشمق (سكرتمك)	ركض
سال خوردن	یشامق	طول عمر
رها كردن	قورتارمق	تخليص
آمدن	كلمك	مجيء
شُدن	اولمق	كيان * صيرورة
فهمیدن	اكلامق	فهم
خریدن	صاتون آلمق	اشترا

بخشیدن	باغشلامق	اعطا
آغازیدن	باشلامق	ابتدا
خوابیدن	اویومق	نوم
آفریدن	یراتمق	خلق
چیدن	طوپلامق	جمع
نهادن	قومق	وضع
ستادن	آلمق	اخذ
کشادن	آچمق	فتح
ازمودن	صنامق	تجربه
کشودن	چکمک	سحب * مقاساة
فرمودن	بیورمق	امر
باوریدن	اینانمق	تصدیق
ماندن	بکزه‌مک	مشابهة
خواندن	اوقومق	قرآة
پرسیدن	صورمق	سؤال
آویزدن	آصمق	تعلیق
رهیدن	قورتلمق	خلاص
رهانیدن	قورتارمق	تخلیص
بندیدن	بغلامق	ربط
رسیدن	ایرشمک	وصول
پیمودن	اولچمک	قیاس
خندیدن	کولمک	ضحک
کریدن	آغلامق	بکا

شناسيدن	اكلامق	فهم
فرستادن	كوندرمك	ارسال * تسيير
اوزنديدن	براقمق	ترك
لابيدن	يالوارمق	رجا
نكاهيدن	باقمق	نظر
فرو آمدن	اينمك	نزول
ميراندن	اولدرمك	قتل
خدمت كردن	خدمت ايتمك	خدمة
سپاس كردن	شكر ايتمك	شكر
كم كردن	غيب ايتمك	تضييع
بدنام كردن	رزيل ايتمك	ترزيل
كردن	ايتمك	عمل
كم شدن	غيب اولمق	ضياع
بد نام شدن	رزيل اولمق	ترزّل
دادن	ويرمك	عطا
نوشيدن	ايچمك	شرب
كاريدن	ايشلمك	عمل
آرزودن	آرزولمق	امل * ارادة
شوريدن	قارشدرمق	خلط

(ماضی ضمننده در)

علامتين مذكورتين مصدرى اولان (نون) لغو ومحو اولدقلده فعل ماضى اولوب تركيله دخى پك مستعملدر مثلا

(ماضی)		(مصدر)	
فروخت	صاتدى	فروخت ايتمك	صاتمق

كرفت

کرفت	طوندی	کرفت ایتمک	طوتمق
ستاد	آلدی	ستاد ایتمک	آلمق
نوشت	یازدی	نوشت ایتمک	یازمق
شکست	قیردی	شکست ایتمک	قیرمق
رفت	کیتدی	رفت ایتمک	کیتمک
خورد	ییدی	خورد ایتمک	ییمک
نوشید	ایچدی	نوشید ایتمک	ایچمک
پرورده کرد	بسلادی	پرورده کردن	بسلمک
پوشید	اورتدی	پوشیدن	اورتمک * ستر ایتمک
کشاد	چوزدی	کشاد ایتمک	چوزمک
زد	اوردی	زد ایتمک	اورمق
زاد	طوغردی	زاد ایتمک	طوغرمق
بوسید	اوپدی	بوسید ایتمک	اوپمک
افتاد	ییقدی	افتاد ایتمک	ییقمق
کزید	اصردی	کزید ایتمک	اصرمق
دوشید	سود صاغدی	دوشید ایتمک	صاغمق
درويد	بیچدی	درويد ایتمک	بیچمک
خواست	استدی	خواست ایتمک	استمک
برید	پارەلدی	برید ایتمک	پارەلمق * کسمک

* (امر حاضر و نفی و نهی تعریفنده‌در) *

ترکی لسانِنك یالکز بر قاعده‌سی واردرکه (مک) ایله (مق) اشبو ایکی حرف مصدرك اخرنك دوشدکك اصل فعل قالوب فعلی امر حاضر ایدر مثلا یازمق بو وجه تعریف مقکك اسقاطیله (یاز)

قالور کیتمک مکمک دخی اسقاطیله (کیت) قالور بوکا فعل مجرّد یاخود تمل فعل دیرلر

مصدردن امر حاضر قلندیغی کبی نهی حاضر دخی ایتمک استرایسه‌ک مصدرک میمی توقیف و بر هاء وقفیه ادخالیه یازمه اولوب نهی حاضر اولور ودخی امر حاضرک صوک حرفنک آخرینه بر دال و بر میم زیاده ووضعیله ماضی اولور مثلا یازدم کیتدم واکر اصل الفعل آخرنك بر میم مفتوحه کتوررلر ایسه جحد مطلق اولور مثلا یازمدم کیتمدم

وقس علی هذا

لسان ترکیده اولان مصدرلرک ایکی صوک حرفنک اسقاطیله امر حاضر اولدیغی مثللو زبان فارسیده دخی بر حرفک اخراجیله یعنی نونک حذفیله فعل ماضی اولور

* (فعل مجهول بیاننده‌در) *

لغت ترکیه‌ده کماقدسبق التعریف معلوم اولان فعلک اصلی وهمدخی معلوم اولانک مصدری یازمق برلامگ زیاده‌سیله اولور یازلمق مجهول در * بر لامک علاوه‌سیله هرنه قدر مصدر اصلی منتها اولور ایسه‌ده شو درت حرفک بریله که ا و ه ی حروف مذکوره‌لردن بری مصدرده واقع اولور ایسه نونه اضافه اولور نه کبی سویلمک سویلنمک ییمک ییّنمک

وقس علی ذلك

فارسی لغتنده معلوسی مجهول قلمغین قاعده‌سی بودر نوشتن مصدردر آخرنك کی مصدر نونک اخذیله وتانک اوکنه بر هاء وقفیه نک وضع و علامت مجهولیه اولان (شدن) نطقنی ادخالیله

مثلا

مثلا نوشتن (یازمق) نوشته شدن (یازلمق) دانستن (بلمك) دانسته شدن (بلنمك) فروختن (صاتمق) فروخته شدن (صاتلمق) خواندن (اوقومق) خوانده شدن (اوقونمق) وبونك اوزرینه قیاس ایله

(اسم فاعل تعریفنده‌در)

زبان فارسیده اسم فاعلك تركیبی بو وجهله اولورکه کلمهٔ فارسیه‌نك آخرنه بر نون بر دال و بر هاء علاوه و ضمیله اولور مثلا

سازنده	چالغیجی	عوالم
خواننده	اوقویجی	قاري * مغنّی
بخشاینده	باغشلایجی	معطی
خواهنده	استیجی	طالب
دهنده	ویریجی	عاطی
افریننده	یارادیجی	خالق
کننده	ایدیجی	عامل
رونده	کیدیجی	ذاهب * عازم
داننده	بیلیجی	عالم

(اسم مفعول بابنده‌در)

کلمهٔ فارسیه‌نك آخرنه بر هاء اضافه و علاوه‌سیله اسم مفعول اولور مثلا

کرده	ایدلمش	معمول
نوشته	یازلمش	مکتوب * محرّر

خواهسته	استنلمش	مطلوب * مراد
شده	اولمش	مصير
كشيده	چكلمش	مسحوب
فرستاده	كوندرلمش	مرسول
سنجيده	طارتلمش	موزون
كذشته	كچمش	ماضى
افريده	يرادلمش	مخلوق

* (اسم منسوب بياننده در) *

كلمهٔ فارسيه نڭ آخرنه مند ور دار ناك كار بار يار پر ين كين واقع اولديغنده اسم منسوب اولور مثلا

سعادتمند	سعادتلو	صاحب السعادة * سعيد
هنرور	هنرلو	ذوالمعرفة
نامدار	ناملو	مشهور
غضبناك	اوكه‌لو	غاضب * معبس
عطرناك	كوزل قوقولو	معطّر
آتشبار	اتشلو	نارى
بختيار	بختلو	سعيد
هوشيار	عقللو	صاحب عقل
پرضيا	نورلو	منوّر
پرمعرفت	معرفتلو	ذى المعرفة
رنكين	رنكلو	ملوّن
كامبين	مرادكوريجى	صاحب الاقبال
غضبكين	اوكه‌لو	مغضب

خزینه دار خزینه‌دار خازن * خزندار
دفتردار دفتردار مقید * دفتردار
کرمکار کرم ایدیجی کریم * مکرم
کناهکار کناهکار خاطی
قلمکار قلمکار نقاش

(اسم تفضیل بابنده‌در)

بر کلمهٔ فارسیه‌نک آخرنه بر (تر) حرفی علاوه‌سیله اسم تفضیل اولور مثلا

بالا	یوکسک	رفیع
بالاتر	اک یوکسک	ارفع
به	ایو	حسن
بهتر	اک ایو	احسن

(اسم مکان واسم زمان بیاننده‌در)

اسم مکان علامتی بر اسمک آخرنه ستان اضافه والحاقیله اولور مثلا * کلستان * عجمستان * درختستان * کبیدر (کللک و عجم مملکتی واغاجلقدر) اسم زمانک قیلمسی مصدرک اولنه هنکام کتورمسیله اولور مثلا هنکام نوشتن و هنکام خواندن * هنکام رفتن و هنکام آمدن که یازه‌جق زمان و اوقویه‌جق زمان * کیده‌جک زمان وکله‌جک زمان * دیمکدر

شرح * کرک زبان فارسیده و کرک لسان ترکیده مستعمل اولان فارسی اولوب بر علامت ظرفیه واردر (انه) بو علامت اسمک

آخرینه الحاق اولنور نتکم دوست دوستانه (دوستلق اوزره) * مخلص مخلصانه * خالص خالصانه * محب محبانه * عاجز عاجزانه * عاشق عاشقانه * پدر پدرانه * عاقل عاقلانه * فرزند فرزندانه * فقیر فقیرانه * رحیم رحیمانه * مشیر مشیرانه * شاه شاهانه * حقیر حقیرانه * درویش درویشانه * کریم کریمانه * انجق بابا بابایانه کلور وقس علی ذلک

(جمع الفاظ فارسیه تعریفنده‌در)

زبان فارسیده جمع کلمهٔ ذی روح اولان اوچ وجه اوزره کلمه جمعلنور (اولکی وجهی) بر الف و بر نون علاوه‌سیله اولور مثلا

(مفرد)	(جمع)	(ترکی)	(عربی)
مردم	مردمان	آدملر	رجال
زن	زنان	قاریلر	نسأ
مرغ	مرغان	قوشلر	طیور
پادشاه	پادشاهان	سلطانلر	سلاطین

(ایکنجی وجهی) آخرنده بر یا بر الف و بر نون علاوه‌سیله اولور مثلا

آدم	آدمیان	آدملر	ناس
عالم	عالمیان	عالملر	عالمین

(اوچنجی وجهی) بر کاف و بر نون ایله جمع اولور مثلا

م	ج	ت	ع
بنده	بندگان	قوللر	عباد
خواجه	خواجگان	خواجه‌لر	معلّمین
زنده	زندگان	صاغلر	احیا

فرشته

فرشته	فرشتگان	ملکلر	ملایک
کشته	کشتگان	اولدرلمشلر	مقتولون
زندانه	زندانکان	حبس اولنمش اولانلر	محبوسون

غیرذی روح اولان کلمهٔ فارسیه نکث آخرنه بر «ها» و بر الف علاوه‌سیله جمعلنور مثلا

(جمع فارسی)	(ترکی)	(عربی)
زمینها	یرلر	اراضی
دریاها	دکزلر	ابحار
اخترها	یلدزلر	نجوم
سنکها	طاشلر	حجار
آتشها	آتشلر	نیران
اهنها	دمرلر (تیمورلر)	حدید
شمشیرها	قلجلر	سیوف
میوه‌ها	میوه‌لر	فواکهه
درختها	اغاجلر	اشجار
چشمها	کوزلر	عیون و اعین

شاذ اوله‌رق دخی بعض کلمات فارسیه ذی روح مثللو جمعلنور مــثلا

روزان	کونلر	نهارات
شبان	کیجه‌لر	لیالی
هزاران	بیکلر	الوف
درختان	اغاجلر	اشجار

(اسماء اعداد تعریف و ایضاحنده‌در)

اسم عددلر صاییلرک آدلری دیمکدر وترکی وفارسی وعربی السنه‌سنک اسماء اعدادی بونلردر

	ترکی	فارسی	عربی	
۱	بر	یک	واحد * احد	واحدة * احدی
۲	ایکی	دو	اثنان * اثنین	اثنتان
۳	اوچ	سه	ثلاثة * ثلثة	ثلاث
۴	درت	چهار	اربعة	اربع
۵	بش	پنج	خمسة	خمس
۶	آلتی	شش	ستة	ست
۷	یدی	هفت	سبعة	سبع
۸	سکز	هشت	ثمانیة	ثمان
۹	طقوز	نه	تسعة	تسع
۱۰	اون	ده	عشرة	عشر
۱۱	اون بر	یازده	احدعشر	احدی عشرة
۱۲	اون ایکی	دوازده	اثناعشر	اثنتاعشرة
۱۳	اون اوچ	سیزده	ثلاثةعشر	ثلاث عشرة
۱۴	اون درت	چهارده	اربعةعشر	اربع عشرة
۱۵	اون بش	پانزده	خمسةعشر	خمس عشرة
۱۶	اون آلتی	شانزده	ستةعشر	ست عشرة
۱۷	اون یدی	هفده	سبعة عشر	سبع عشرة
۱۸	اون سکز	هشده	ثمانیةعشر	ثمانی عشرة
۱۹	اون طقوز	نوزده	تسعةعشر	تسع عشرة

٢٠	يكرمی	بيست	عشرون	—	عشرين
٣٠	اوتوز	سی	ثلاثون	—	ثلاثين
٤٠	قرق	چهل	اربعون	—	اربعين
٥٠	اللی	پنچاه	خمسون	—	خمسين
٦٠	التمش	شصت	ستون	—	ستين
٧٠	يتمش	هفتاد	سبعون	—	سبعين
٨٠	سكسان	هشتاد	ثمانون	—	ثمانين
٩٠	طقسان	نود	تسعون	—	تسعين
١٠٠	يوز	صد	مائة * مية		
٢٠٠	ايكی يوز	دوصد	مائتان (مائتين)		
٣٠٠	اوچ يوز	سيصد	ثلاثماية		
٤٠٠	درت يوز	چهارصد	اربعمائة		
٥٠٠	بشيوز	پانصد	خمسمأية		
٦٠٠	التی يوز	ششصد	ستمائة		
٧٠٠	يديوز	هفتصد	سبعمأية		
٨٠٠	سكز يوز	هشتصد	ثمانمائة		
٩٠٠	طقوز يوز	نهصد	تسعمائة		
١٠٠٠	بيك	هزار	الف		
٢٠٠٠	ايكی بيك	دوهزار	الفان (الفين)		
٣٠٠٠	اوچ بيك	سههزار	ثلاثة آلاف		
٤٠٠٠	درت بيك	چهارهزار	اربعة آلاف		
٥٠٠٠	بشبيك	پانهزار	خمسة آلاف		
٦٠٠٠	التی بيك	ششهزار	ستة آلاف		

یدی بیك هفت هزار سبعة آلاف
سکز بیك هشت هزار ثمانية آلاف
طقوز بیك نه هزار تسعة آلاف
اون بیك ده هزار عشرة آلاف
اون بر بیك یازده هزار احد عشر الفاً
اون ایکی بیك دوازده هزار اثنا عشر الفاً
یوز بیك صد هزار مائة الف
ایکی یوز بیك دوصد هزار مائتان الف
اوچیوز بیك سه صد هزار ثلثمایة الف
وقس علی ذلك

(اعداد وصفیه تفهیمنده در)

اعداد وصفیه‌یی یاپمق مراد اولندقده اعداد صفتدن اخذ وترکیده هر عدد صفتك آخرنه بر نون بر جیم و بر یاء علاوه قلندیغی مثللو فارسیده یالکز آخرنه بر میم اضافه سیله عدد صفت عدد وصفی اولور مثلا

(ترکی)	(فارسی)	(عربی) مذکر	مؤنث	
برنجی * النك	یکم * نخست	اوّل	اوّلی	اولاً
ایکنجی	دوم	ثانی	ثانية	ثانياً
اوچنجی	سوم	ثالث	ثالثة	ثالثاً
دردنجی	چهارم	رابع	رابعة	رابعاً
بشنجی	پنجم	خامس	خامسة	خامساً
آلتنجی	ششم	سادس	سادسة	سادساً

یدنجی	هفتم	سابع	سابعة	سابعاً
سکزنجی	هشتم	ثامن	ثامنة	ثامناً
طقوزنجی	نهم	تاسع	تاسعة	تاسعاً
اوننجی	دهم	عاشر	عاشرة	عاشراً
اون برنجی	یازدهم	حادی عشر	حادیة عشرة	
اون ایکنجی	دوازدهم	ثانی عشر	ثانیة عشرة	
اون اوچنجی	سیزدهم	ثالث عشر	ثالثة عشرة	
اون دردنجی	چهاردهم	رابع عشر	رابعة عشرة	
اون بشنجی	پانزدهم	خامس عشر	خامسة عشرة	
یکرمنجی	بیستم	عشرون		
یکرمی برنجی	بیست ویکم	حادی وعشرون	حادیة وعشرون	
یکرمی ایکنجی	بیست ودوم	ثانی وعشرون	ثانیة وعشرون	
یکرمی اوچنجی	بیست وسوم	ثالث وعشرون	ثالثة وعشرون	
یکرمی دردنجی	بیست وچهارم	رابع وعشرون	رابعة وعشرون	
یکرمی بشنجی	بیست وپنجم	خامس وعشرون	خامسة وعشرون	

وقس علی هذا * بونک اوزرینه قیاس ایله

تصریف فعل ترکی وعربی وفارسی

مصدر

باقمق * بقمق نظرٌ * نظر نکرستن * نکریدن * نکاه کردن

حال ومضارع

باقارم	انظر	می نکرم * نکاه میکنم
باقارسن	تنظر	می نکری

باقار	ينظر	مى نكرد
باقارز	ننظر	مى نكريم
باقارسكز * بقارسز	تنظرون (تنظروا)	مى نكريد
باقارلر	ينظرون (ينظروا)	مى نكرند

باقيورم * باقه يورم

حكايهٔ حال ومضارع

باقاردم * باقارايدم	كنت انظر	مى نكرستم
باقاردك	كنت تنظر	مى نكرستى
باقاردى	كان ينظر	مى نكرست
باقاردق	كنا ننظر	مى نكرستيم
باقارديكز	كنتم تنظرون (تنظروا)	مى نكرستيد
باقارديلر	كانوا ينظرون (ينظروا)	مى نكرستند

باقيوردم * بقارمشم

ماضئ شهودى

باقدم	نظرتُ	نكرستم * نكاه كردم
باقدك	نظرتَ	نكرستى
باقدى	نظرَ	نكرست
باقدق	نظرنا	نكرستيم
باقديكز	نظرتم	نكرستيد
باقديلر	نظروا	نكرستند

ماضئ نقلى

باقمشم	نظرتُ	نكرستهام * نكاه كردهام
باقمشسن	نظرتَ	نكرسته

باقمش (در)	نظرَ	نگرسته است
باقمشز	نظرنا	نگرسته ایم
باقمشسکز	نظرتم	نگرسته اید
باقمشلر (در)	نظروا	نگرسته اند

حکایهٔ ماضیٔ نقلی

باقمش ایدم	کنت نظرت	نگرسته بودم * شدم
باقمش ایدک	کنت نظرت	نگرسته بودی
باقمش ایدی	کان نظر	نگرسته بود
باقمش ایدک	کنا نظرنا	نگرسته بودیم
باقمش ایدیکز	کنتم نظرتم	نگرسته بودید
باقمش ایدیلر	کانوا نظروا	نگرسته بودند

استقبال ومضارع

باقارم * بقارم	انظر * سأنظر * سوف انظر	بنگرم * نگاه بکنم
باقارسن	تنظر * ستنظر	بنگری * خواهی نگرست
باقار	ینظر * سینظر	بنگرد * خواهد نگرست
باقارز	ننظر * سوف ننظر	بنگریم * خواهیم نگرست
باقارسز * بقارسکز	تنظرون * ستنظرون	بنگرید * خواهید نگرست
باقارلر	ینظرون * سینظرون	بنگرند * خواهند نگرست

استقبال التزامی

باقه یم * باقه جغم * باقملییم	انا مزمع ان انظر	خواهم نگرست

ماضی ومستقبل

باقار اولدم	کنت ناظراً * کنت انظر	نگران بودم * نگرسته شدم
باقمش اولدم	کنت ناظراً * کنت انظر	نگران بودم * نگرسته شدم

باقمش اولورم	اکون ناظراً * اکون نظرت	نکرسته باشم

امر

باق	أنظرُ	نکر * بنکر
باقسون	لینظر	بنکرد
باقه لم	لننظر	بنکریم
باقک * باقکز	انظروا	بنکرید
باقسونلر	لینظروا	بنکرند

ماضیٔ سابق

بولایکه * نه اوله که باقه یم	لیتنی ناظرٌ * یالیت انظر لیتنی ان انظر * لیتما انظر	کاشکی بنکرم
بولایکه باقه سن	لیتک ناظرٌ * لیتما تنظر	کاشکی بنکری
بولایکه باقه	لیته ناظرٌ * لیتما ینظر	کاشکی بنکرد
بولایکی باقه لم * باقه یز	لیتنا ناظرون * لیتما ننظر	کاشکی بنکریم
بولایکی باقه سز * باقه سکز	لیتکم ناظرون * لیتما تنظرون	کاشکی بنکرید
بولایکی باقه لر	لیتهم ناظرون * لیتما ینظرون	کاشکی بنکرند

فعل التزامی

تاکه باقه یم	لانظر * حتیّ انظر * حتیّ ان انظر	تا نکرم * تا بنکرم
تاکه باقه سن	لتنظر * حتی ان تنظر	تا بنکری

حکایهٔ فعل التزامی

بولایکه باقه ایدم	لیتنی ناظرٌ * لیتنی ان انظر	کاشکی بنکرم
بولایکه باقیدک	لیتما تنظر	کاشکی می نکرستی
بولایکه باقیدی	لیتما ینظر	کاشکی می نکرست
بولایکه باقیدق	لیتما ننظر	کاشکی می نکرستیم

بولایکه باقیدیکز لیتما تنظرون کاشکی می نکرستید
بولایکه باقیدیلر لیتماینظرون کاشکی می نکرستند

دیکر

باقاردم نظرت * کنت انظر می نکرستم * نکرستمی

ماضئ التزامی

باقمش اولدم لیتنی ان کنت نظرت کاشکی نکرسته باشم
باقمش اولهسن لیتما کنت نظرت کاشکی نکرسته باشی
الخ

ماضئ سابق

باقمش اولایدم یالیت کنت نظرت کاشکی نکرسته می شدم
الخ

مضارع شرطی

اکر باقارایسهم ان انظر * ان نظرت * اذا نظرت اکر بنکرم
اکر باقارایسهک ان تنظر * ان نظرت * اذا نظرت اکر نکری
اکر باقارایسه ان ینظر اکر نکرد
اکر باقارایسهق ان ننظر اکر نکریم
اکر باقارایسهکز ان تنظروا اکر نکرید
اکر باقارایسهلر ان ینظروا اکر نکرند

مخفف مضارع شرطی

باقسهم ان انظر * ان نظرت * لو نظرت نکرستمی * کر نکرم

مشتق مضارع ومستقبل شرطی

هرنه زمان باقارایسه مهماینظر (حینما * متی) هر بارکه نکرد
نیجه باقارسه کیفماینظر هرکاه که نکرد
هرکیم باقارایسه منْ ینظر هرکه نکرد

حکایهٔ فعل التزامئ شرطی

باقسهایدم لو نظرتُ * لو کنت نظرتُ اکرمی نکرستم * کر نکرستمی
باقسیدک لو نظرتَ کر نکرستی * نکرسته بودی

شرح * علامت فعل شرطی ترکی لسانک هم فارسی وهم ترکیبی استعمال اولدیغندن یا (اکر) بر فضلهدر ویاخود علامت صحیحه معناسی ویرمکه لازم کلورکه بو اکر اکرچه مقابلنده مستعملدر

باقسيدى　　لونظر　　كرنكرستى
باقسيدق　　لونظرنا　　كرنكرستيمى
باقسيديكز　　لونظرتم　　كرنكرستيدى
باقسيديلر　　لونظروا　　كرنكرستندى

ماضئ شرطى

باقمش ايسه‌م　　ان نظرت　　كرنكرسته باشم
باقدم ايسه
باقدى ايسه‌م
باقدم ايسه‌م
باقمش ايسه‌ك　　ان نظرت　　ارنكرسته باشى
باقمش ايسه　　ان نظر　　ارنكرسته باشد
باقمش ايسه‌ق　　ان نظرنا　　ارنكرسته ايم * باشيم
باقمش ايسه‌كز　　ان نظرتم　　ارنكرسته ايد * باشيد
باقمش ايسه‌لر　　ان نظروا　　ارنكرسته اند * باشند
باقمشلر ايسه

حكايهٔ ماضئ شرطى

باقمش اولسه ايدم　　لوكنت نظرت　　نكرسته مى شدم
لوكنت ناظراً　　كرنكرسته بودم

استقبال شرطى

باقمش اولورسم　　ان نَظَرتُ　　كرنكرسته باشم

مصدر

باقمق　　نظرٌ　　نكرستن * نكريستن　　نكريدن * نكاه كردن
باقمش اولمق　　كان ناظرٌ　　نكرسته بودن

مشتقات المصدر

باقمق　　النظر　　نكرستن
باقمغك　　النظر　　ازنكرستن
باقمغه　　للنظر　　نكريدن را * بنكريدن

باقمغى

باقمغی	النظر	نکرستن را
باقمقدن	من النظر	از نکرستن
باقمقده	فی حال النظر	درنکریدن * درنکرستن
باقدقدن صکره	بعد النظر	پس از نکریدن
باقمقدن اوّل	قبل النظر	پیش از نکریدن
باقمه‌دن اوّل		
باقمغله	بالنظر	بنکریدن
باقمق ایچون	للنظر * لاجل النظر	برای نکریدن
باقمق اوزره	علی النظر	
باقمغین	للنظر	چون که نکرست
باقمه‌م	نظری	نکریدنم
باقمک	نظرک	نکریدنت
باقمه‌سی	نظره	نکریدنش * نکریدن او
باقمق زمانی	وقت نظر * حین نظر	گاه نکریدن
باقمه‌نک سببی	موجب النظر	سبب نکریدن
باقه‌جق زمان ومکان	منظر	وقت نکریدن * هنگام نکریدن
باقارایکن * بقرکن	بالنظر	نکران
باقه‌رق	ناظراً	
باقمغله	اذ نظرت	
باقدقده	اذ نظر	
باقوب	بعد النظر * لما نظرت	پس از نکریدن
باقوب بلدم	نظرتُ وعلمت	نگاه کردم ودانستم

اسم فاعل

باقار * باقان * باقیجی	ناظرٌ	نکران * نکراننده
باقمش	الذی نظر	نکرند * نکرسته

اسم مفعول

باقلمش	منظور	نکرسته شده

وقس علی هذا التصریف

فعل نفی

باقمامق	عدم النظر	ننكريدن

(مضارع وحال)

باقمام	ما انظر	نمی نكرم * نكاه نمی كنم
باقمازسن	ما تنظر	نمی نكری
باقماز	ما ينظر	نمی نكرد
باقمايز	ما ننظر	نمی نكريم
باقمازسكز	ما تنظرون	نمی نكريد
باقمازلر	ما ينظرون	نمی نكرند

(حكايۀ مضارع وحال)

باقمازايدم * دم	لم اكن انظر * ماكنت انظر	نمی نكريستم
باقمازايدك	ماكنت تنظر	نمی نكريستی
باقمازايدی	ماكان ينظر	نمی نكرست * نكرستی
باقمزدق	ماكنا ننظر	نمی نكرستيم
باقمزديكز	ماكنتم تنظرون	نمی نكرستيد
باقمزلرايدی	ماكانون ينظرون	نمی نكرستند * ننكرستندی

(ماضی)

باقمدم * باقمامشم لا نظرت * ما نظرت * لم انظر ننكرستم * ننكرسته ام

باقمدك * باقمادك لم تنظر نه نكرستی

(حكايۀ ماضی)

باقمامشدم لاكنت نظرت نه نكرسته بودم * نكرسته نمی بودم

ننكرستمی

(التزامی)

باقمام * باقمه يم باقميه جغم * باقمسه م كرك	لا انظر	نه نكرم * نه خواهم نكرست

(امر)

باقمه	لا تنظر	منكر

الى آخره

حکایت

(استنباط از گلستان)

فارسی

یکی ازملوک مرضی هائل بود که
اعادت ذکر آن موجه نیست طایفهٔ
ازحکمای یونان متفق شدندکه مرین
رنج را هیچ دوایی نیست مگر زهرهٔ
آدمی چندین صفت موصوف ملک
بفرمود تا طلب کردند از دهقان
پسری صاحب جمال یافتند درآن
صورت که حکما گفته بودند آوردند
وپدر ومادرش را بخواندند وبمال
ونعمت بی کران مشغول گردانیدند

ترکی

پادشاهلردن بری بر تهلکه‌لو
خسته‌لغه گرفتار اولمشیدی شویله‌که
بو خسته‌لغک ذکرینی بر کره دخی
اعاده ایتمک جائز دکلدر یونان
هکیملرندن بر طاقمی اتفاق ومشورت
ایتدیلرکه بو خسته‌لغه علاج یوقدر
الا بو مرض ایله موصوف اولان بر
ادمک اودی ایله اولور پادشاه
بیوردی واستدیلر کویلولردن غایت
کوزل بر چوجق بولدیلر هکیملرک
سویلدکلری کبی بو چوجغی کتوردیلر
وانک اناسنی و باباسنی چاغروب
حسابسز نعمت واحسان ایدوب انلری

عربی

مرض احد الملوک مرضاً هائلاً فی
امره * وانی لاستکره اعادة ذکره *
فاتفق طائفة حکمأ الیونان * فی
ذلک الاوان * ان هذا دآء لیس له دوآء
فی العالم * ماعدا مرارة ابن آدم *
بشرط ان یتصف بحلیة کذا * وان
وُجدت یتداوی بها الملک فی الغذا
* فبعد البحث فی کافة الاقطار
والبطاح * وجد علی تلک الشاکلة
ابن فلاح * فدعا الملک اباه وامه *
واسترضاهما فی قتله بوافر النعمه *

قاضي فتوى دادكه خون يكى را
ريختن از رعيت براى سلامتى نفس
پادشاه روا باشد پس جلادرا طلب
كردند تااو قصد كشتن كرد آن پسر
رويش بسوى آسمان كرده وبخنديد
ملك را تعجب آمد وكفت درين
حال كه تست چه جاى خنده است
كفت ناز فرزندان بر پدر ومادر باشد
ودعوى پيش قاضى برند وداد از
پادشاه خواهند اكنون مادر و پدر مرا
بعلت حطام دنيا درخون بسپردند
وقاضى بكشتنم فتوى داد وسلطان

حشنود ايتديلر قاضى دخى پادشاهك
سلامت نفسى ايچون رعايادن
برينك قاننى دوكمك روادر ديه رك
فتوا ويردى وجلّاد استديلر چوجغى
قتل ايتمك اوزره بوچوجق جلادك
اوكنده يوزينى كوك يوزينه
قالدروب كولدى پادشاهه تعجب
وحيرت كلوب سؤال ايلديكه سنك
بو حالك كوله جك شيميدر
وكوله جك يرميدر چوجق جواب
ويرديكه اوغلك حمايت ووقايتى
پدر ووالده نك اوزرينه فرض اولوب
وبر دعوا قاضينك حضورنه كلور
وپادشاهدن عدالت استنلور شمدى كه
بنم انام وبابام دنياطمعيله بنم قانمى
تسليم ايتديلر يعنى صاتديلر وقاضى

وحكم القاضى بجواز ما هنالك *
موّجهًا لذلك * بان سفك دم واحد
من الرعية واضح التجويز * لسلامة
نفس الملك العزيز * ولمّا رفع الجلّاد
لقتله الحسام * رفع لجهة السما وجهه
بالتبسم ذلك الغلام * فقال الملك
أفي هذا الحال * للضحك مجال * *١٣٢*
فقال الغلام ان رحمة الابنا والبنات
* حق على الابا والامهات * ورفع
الدعاوى في التقاضى * ليس لاحد
سوى القاضى * وطلب الانصاف
عند الملوك * هو السبيل المسلوك *
فالآن بان ان ابى وامى لعلّة حطام
الدنيا سمحا بدمى * والقاضى لذلك *

بمصلحت سلامتی جان خود راضی
شد لاجرم پناهم بجز خدای نماند

(مثنوی)

هم پیش که آورم ازدست فریاد
هم پیش تو از دست تو میخواهم داد

ملک را ازین سخن دل بهم بر آمد وآب در دیده که بکردانید وکفت

هلاک من اولیترست از خون انجنین
کودک صورت پاک بیکناه ریختین

ملک آن پسرا درکنار کرفت و پسر رحمش ببوسید ونعمت بی کرانش داد وآزاد کرد وکویند که آن ملک هم درآن روز شفا یافت

بنم قتلم ایچون فتوا ویردی سلطان دخی کندی جانک سلامتی ایچون خشنود اولوب بنم هلاکمی خیرلو کوردی شبهه‌سز اللهدن غیری حامی وشفیعم قالمدی

سنک الکدن عدالت استمک ایچون
کیمک اوکنه کیده یم * سنک الکدن
سنک ایچون عدالت طلب ایده یم

پادشاهه چوجغک بو کلامندن مرحمت کلوب وکوزندن یاش کلدی ودیدیکه بو یله کناهسز چوجغک قاننی دوکمدن بنم هلاکم دها ایودر بو چوجغه حسابسز نعمت واحسان ایدوب وکوزنی وباشنی اوپوب قاننی عفو ایلدی پادشاه مرقوم اوکونلرده شفا بولمش دیو نقل ایدرلر

حکم بقتلی * والسلطان لاجل صحته * نظر لقتلی ولم یلتفت لخطیته * فانا لا التجی الا لله * مولای ومولاه *

(مفرد)

فمن العلی علیک اضرع عنده
فالیک منک تضرعی وخضوعی

فتکدر الملک الهمام * من کلام الغلام * وتخللت منه الجفون * بدمع العیون * وقال هلاکی بالآلام * اولی من سفک دم هذا الغلام * وقبل رأسه وعینیه * واحتضنه الیه * ووهبه نعمة لا تحد * وشمر فی تفقد ساعد الجد * وروی ان الملک فی تلک الجمعة وجد حالة الشفا * ونشط فی حلة الصفا *

(قطعة)

همچنین درفکر این دا نستم که گفت
یل بانی برلب دریای نیل
یر پایت کرندانی حال مور
حال تست زیر پای پیل

نیل مبارک کنارنك بر فیلجینک
سویلدیکی خاطرمده در دیسوردیکه
قارنجه نک حالی سنک ایاغکنک
التنده نصل اولدیغنی بلمز ایسه ک
فیلک ایاغی التنده سنک حالک
دخی اویله در

(نظم)

قد جال فی فکرتی ما کنت استمعه
من قائد الفیل عند الشط فی النیل
ان تجهل النمل تحت النعل وقت سری
تکن بحالته فی وطئة الفیل

تمت

FEVAYDI-CHARQIYÈ,

OU

ABRÉGÉ DE GRAMMAIRE ORIENTALE,

TURQUE, ARABE ET PERSANE,

EXPLIQUÉE EN LANGUE TURQUE;

Par Nassif Mallouf,

Professeur de langues Orientales au Collége de la Propagande
à Smyrne, auteur de plusieurs ouvrages favorablement appréciés
par le Conseil de l'Instruction Publique et l'Académie Impériale des Sciences
et Belles-Lettres de Constantinople, membre de la Société
Asiatique de Paris.

SMYRNE,

IMPRIMERIE DAVERONI ET SOUGIOLLI,

Rue Sultaniè, N° 98.

1854.